特別支援教育＆遊びシリーズ ４

# 特別支援教育の授業を「歌で盛り上げよう！」
―歌入りCD・カラオケCD付き―

武井弘幸 著　協力・小島 薫

黎明書房

# はじめに

## 歌の風景

　武井先生の歌を聴いていると，生活が浮かんできます。それは，口をついたことばが歌詞になり，話しかけたことばがメロディを奏でていったかのように自然です。季節や行事はもちろん，日常の風景がそのまま歌われています。学校で，子どもとやりとりしながら，その中で生まれた歌を集めたものが，この本です。

　そもそも，言葉には，イントネーションがあり，たったひとつの単語にも波があります。そこには，リズムがあって，メロディがあって……ことばの意味だけでなく，ニュアンスや気分や心象を運んできます。歌になって，心地よく届けられた武井先生からのメッセージを，子どもたちは受け取り，それに，それぞれの子どもが，あるときはことばで，またあるときは身体で返して，キャッチボールをしていったことでしょう。

　武井先生の前著『改訂版・障がいの重い子のための「ふれあい体操」』で，初めて武井先生の歌を聴いたとき，コードの意外な展開にはっとしました。わたし自身も，音楽療法の現場に応じて歌を作っていますが，武井先生の歌には，既成概念を打ち破るものを感じます。そのありきたりでない音楽がとても心地よく，聴いている自分も，なぜか楽な心もちになっていきます。そうして，わたし自身が，子どもの身体に触れながら，この歌を繰り返し歌っていく間に，それらの歌が，実によく考えられていることに，遅ればせながら気がついたのです。決しておしつけがましくなく，さりげなく，それでいて子どもへのふれあいを促すように作られています。繰り返す中で，それぞれの活動の目的は熟成されるように，次第に鮮明になっていきます。それは，武井先生のひととなりを現すように，控えめでありながら，あたたかく，愉しく，そして繊細なものなのです。

　このたび，楽譜を作るお手伝いをさせていただくことになったきっかけは，わたしが，武井先生の以前の赴任校で，ワークショップと講演とで「音楽療法のヒント」という音楽療法の講習会の時間をいただいたことに始まります。その際に，『BED MUSIC』という音楽療法の手法をご紹介させていただきました[1]。これは，1988年に日本臨床心理研究所所長の松井紀和氏が発表した，発達障害児の個人音楽療法で用いられる技法で，B（背景技法），E（反響技法），D（対話），M（モデリング），U（未解決技法），S（刺激技法），I（同質技法），C（呼びかけ技法）の頭文字から成っています。この，わたしが紹介させていただいた技法を聞かれた武井先生は，ご自分の現場での日頃の実践を，理論立てたものだと思われたそうです。子どもを前にした臨床は，常に理論を待たず，実践されている，と痛感しました。それを，分かりやすく表現したものが，『BED MUSIC』だったとうかがっています。このご縁により，また武井先生の楽曲に出会うことができ，大変光栄で嬉しく思っております。これだけのたくさんの曲を聴いて，なお武井先生らしいものが，脈々と流れていることに驚かされます。武井先生のお母様や，お子様の声も，それぞれの個性を放ち，歌に彩りを加えられています。

　だれかが，どこかで，武井先生の歌をくちずさむとき，なにげなく，ありきたりな日常をしあわせと感じられたらいいな……と思います。この本には，そんな力が隠されていると思います。

音楽療法士　小島　薫

---

[1] 松井紀和編著『音楽療法の実際』牧野出版，1995年，48-72頁。

# まえがき

## 歌（音楽）で授業を盛り上げよう

　授業で「歌を歌う」「音楽を使う」……どの学校の授業でも多かれ少なかれ行っています。特に特別支援学校，学級ではその頻度が多いように思います。

　この本の意図は，何かすごい研修を積んで取り組むとか，何か新しい物を購入して行うというのではなく，「歌」「音楽」を教育活動全般で使う機会を今より少し多くしてみたらどうだろうかという提案を含みます。

　本書で紹介している曲はすべて自作曲ですが，一緒に実践を行ってきた学校の先生たちや子どもたちも巻き込んで「こんな曲があるといいなぁ」と作ったものも中にはいくつか含まれています。そのどれもが学校生活で生まれたものです。「子どもたちと楽しみたいなぁ」「これ分かってくれるといいなぁ」等といった思いを「歌」という形で封じ込めました。

　あえて「音楽」の授業ばかりでなく，歌（音楽）を教育活動全般で使う機会を少し多くし，子どもたちとの接点を確かめ，深め，授業を盛り上げていければと考えました。特別支援学校小学部を対象に作ってきたものでしたが，他学部や他の学校，特別支援学級，幼稚園などでも歌詞を替えて歌ってくださればよいと思います。

## なぜ歌や音楽を意図的に使うのか

　音楽や歌は，伝えたいメッセージや思いを比較的容易に，分かりやすく伝えることができ，コミュニケーションを深めることができる力を持っています。

　重い障がいを併せ持っているお子さんを前に，言葉が伝わらず，どうコミュニケーションをとればいいのか，どう関わっていったらいいかわからないという悩みを持たれる方が多いかと思います。特に初めて特別支援学校や特別支援学級についた方の中には，想像していたのと全く違って，子どもたちへの対応に悩んでしまう方々も多いのではないかと思います。実は私もそうでした。

　私たちは普段，音楽を何気なくかけたり，歌ったりしています。また私たちの学校現場でも同じように使っています。例えば誕生会のときに歌を歌います。また式のとき歌われる校歌や給食の時間に流れる放送音楽，それぞれ学校生活の中で意味があります。授業が終わった後，音楽をＢＧＭ替わりにかけたりする場合もあるかと思います。

　実は私たちは，歌（音楽）が，大切なメッセージ性を持っていること，思いを伝えコミュニケーションを育むのによいものであることを本能的に知っています。

　音楽を，心を落ち着かせたり，気持ちを発散させたりするときに使うのは，私も含めみなさんも同じだと思います。これら心理的に作用した音楽が，実は生体にも大きな影響を及ぼすことがあり，例えばよく聞く話に，音楽を聴かせたら牛の乳の出がよくなったとか，農作物の収穫率アップや味の向上につながったとか，胎教としてのクラシックがよい等々があります。

　そしてもう一つ。その歌（音楽）を意図的に使うことで，本来の音楽が持つ力をよりパワーアップさせることにつながるのではないかと思うのです。

　よく「歌は世につれ世は歌につれ」と言います。歌（音楽）には実にさまざまなバックボーンが存在しています。その歌（音楽）を聴くたびに時間や空間を超越し，鮮やかにそのときの状況，感情が思い出されます。音楽の中にある世界にすごく自分が投影されていたり，その音楽が流行っていたときにあった強烈な出来事が記憶として残っていたりします。かつて戦意高揚のために

利用された音楽もありました。社会の中でも利用されているからくり（？）として，電車の発車を知らせるブザーや音は乗車を促しますし，コンビニやお店で流れている購買欲を高める音楽もありますね。

### 授業の潤滑油として音楽を使う

まさしく音楽は心理的にも，生理的にも，社会的にも効用があります。

特別支援学校でよく聞かれることに，「子どもたちにどう教材を提示したらよいのか，どうしたら授業にのってくれるか」があります。

別に授業に「のせる」ことが大切ではありませんが，子どもが生き生きと授業に取り組むためにどうしたらよいのか，その潤滑油的役割として音楽が使えると思うのです。例えば「手」の感覚が分かる，「立つ」ということが分かる……といったボディイメージの学習から，「数を数える」「ひらがなを覚える」「季節感というものを教える」等といったことを学習するのに音楽が使えたとしたらどうでしょうか。ある活動を行う前に，また行いながら一緒に歌ったり，音楽を使ってみたりするのです。

子どもたちは納得しなければ，授業の中に入りません。まして，ことばだけでのコミュニケーションが難しい場合はなおさらです。

私は教員になって，この音楽の効果的な使い方について着目せざるをえませんでした。音楽だと，しつこい提示ではなく，言葉が伝わりにくい子どもに，先生の思いや授業の中身を伝える方法のひとつとして使えたことが実に多かったのです。

子どもは自分にとって必然性があると思わない限り授業内容には取り組まないもの……。だから我々には創造性と緊張感が問われます。

私の場合はそのための提示の手段が音楽でした。私は自分で作った歌を使って授業をすることが多かったのですが，手づくりの楽器を作って音を一緒に楽しんだり，歌を歌ったり，歌を作ったり，そんな音や音楽を子どもたちと一緒に行うことを通して，子どもたちと学んできた気がします。

ここに掲載した歌は，その中で生まれたものです。こんな音楽があるといいなと思って作り，かつそれを使って「遊び」「語りかけ」てきました。

本来，歌うことは楽しいことで，子どもとのつながりを作るものだと思います。歌を，授業でちょっとスパイス的に使っていきませんか。

本書は，歌はもちろんですが，それを主にし，歌や音楽で遊ぶことや，ちょっとした教材の紹介も行いました。つたない実践ですが，参考になさってください。

できること，やれるところから無理せず行うという視点も持っていきたいと思います。

なお，本書には2枚のCDを付けました。1枚は歌入り（つたない歌い方ですが，私や家族の者が歌っています），1枚はカラオケです。

歌入りCDをそのまま使っていただいてもかまわないのですが，できたらカラオケCDで，先生や子どもたちと一緒に歌ったり，ご自分の学校・学級の実態に合わせて歌詞を替えることをお勧めします。巻末に楽譜が用意されていますので，可能でしたら先生や子どもたちで演奏したり，移調して使ってください。

この本の歌が，旅立った子どもたちにも届きますように。

武井弘幸

# 目　　次

はじめに　―歌の風景―　（音楽療法士　小島　薫）　……　1
まえがき　……　2
本書の使い方　……　6

## 季節の歌　―春・夏―

1　はるはどこ　……　8
2　ミニトマトのうた　……　9
3　ひょうたんのうた　……　10
4　あさがおのうた　……　11
5　なつのたのしみ　……　12
6　ゴーヤのうた　……　13

●コラム1　歌を歌う　……　14

## 季節の歌　―秋・冬―

7　秋風ふいて　……　16
8　ぎんなんのうた　……　17
9　かえでのみ　……　18
10　ふくわらいのうた　……　19
11　おにのうた　……　20

●コラム2　手づくり楽器を作る①　―擦弦楽器―　……　21

## 学校生活・行事の歌1

12　てつなぎ　……　24
13　さかなをつかまえよう　……　25
14　おそうじのうた　……　26
15　なんこになるのかな　……　27
16　宇宙旅行だーい！　……　28
17　音楽が，さあ，はじまる　……　29
18　かざぐるま　……　30

●コラム3　ペットボトル風車　……　31

## 学校生活・行事の歌2

|  | 19 | おしっこのうた | …… 36 |
|---|---|---|---|
|  | 20 | おはなしきこう | …… 37 |
|  | 21 | どろあそびのうた | …… 38 |
|  | 22 | 運動会のうた | …… 39 |
|  | 23 | ひかりあそび | …… 40 |
|  | 24 | 修学旅行のうた | …… 41 |
|  | 25 | 地下鉄だがや | …… 43 |

●コラム4　手づくり楽器を作る②　―紙管笛―　…… 45

## 朝・帰りの歌，その他

|  | 26 | 元気があつまった | …… 50 |
|---|---|---|---|
|  | 27 | あさだ！　あさだ！ | …… 51 |
|  | 28 | 学校の帰り道 | …… 52 |
|  | 29 | またね | …… 53 |
|  | 30 | ぼくはシンガー | …… 54 |
|  | 31 | おやすみ | …… 55 |

●コラム5　音楽を子どもたちと創る　…… 56

## 楽譜集

…… 59

# 本書の使い方

本書には特別支援学級や特別支援学校で実践できる歌を掲載してあります。とくに
◎季節の歌
◎学校生活・行事の歌
◎朝・帰りの歌，その他
と，章に分けてあります。
・音楽の時間や行事のときの他に，授業単元で使うことができます。
・例えば，生活単元学習では，授業の最初に歌を歌い，授業の途中で「『♪ミーニ　トーマト』取りに行こうか？」等と，歌のフレーズのメロディで子どもに伝えることもできます。その他，自分なりの使い方をいろいろ工夫をしてみてください。
・本書の詳しい使い方は，本文を順に見て行ってください。

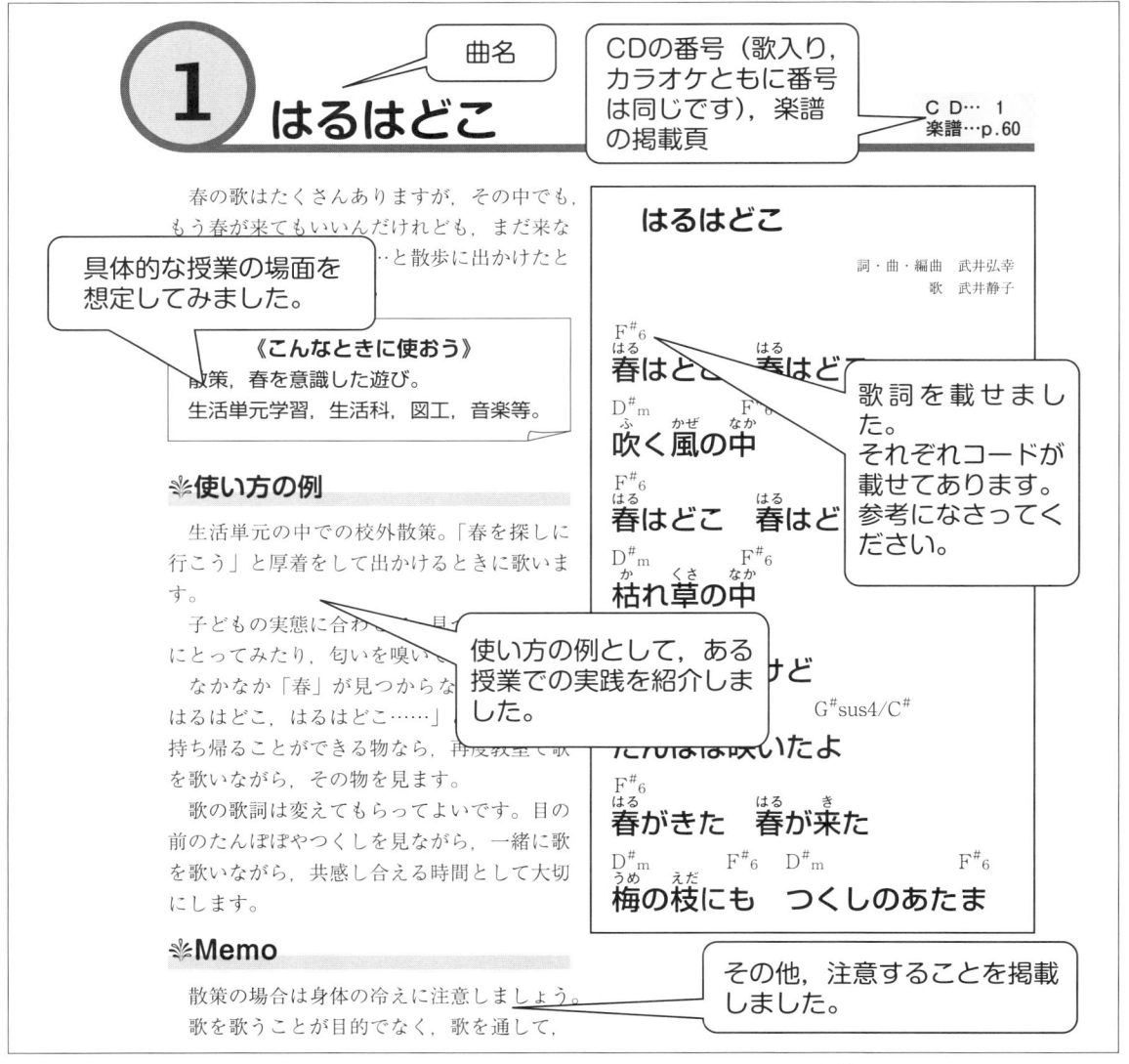

　各章の最後に，コラムを入れました。音楽を使ったちょっとした紹介等が掲載されています。コーヒーブレイク的にお読みください。なお，楽譜は巻末に一括して載せました。

# 季節の歌
## ―春・夏―

# 1 はるはどこ

CD… 1
楽譜…p.60

春の歌はたくさんありますが，その中でも，もう春が来てもいいんだけれども，まだ来ない，待ち遠しいなあ……と散歩に出かけたときに感じて作りました。

《こんなときに使おう》
散策，春を意識した遊び。
生活単元学習，生活科，図工，音楽等。

## 使い方の例

生活単元の中での校外散策。「春を探しに行こう」と厚着をして出かけるときに歌います。

子どもの実態に合わせて，見つけた物を手にとってみたり，匂いを嗅いでみたりします。

なかなか「春」が見つからないとき，「♪はるはどこ，はるはどこ……」と歌います。持ち帰ることができる物なら，再度教室で歌を歌いながら，その物を見ます。

歌の歌詞は変えてもらってよいです。目の前のたんぽぽやつくしを見ながら，一緒に歌を歌いながら，共感し合える時間として大切にします。

## Memo

散策の場合は身体の冷えに注意しましょう。

歌を歌うことが目的でなく，歌を通して，何が授業で大切にされなければいけないかを抑えておきましょう。

外出が難しい場合は，教室にプランターを持ち込み，身近に匂い，色を観察する形もあってよいと思います。

単元が構成されたら，思い出づくりに壁面や日記等にしてみるのもよいと思います。

散策では教師がおしゃべりに熱中することなく，子どもの目線を大切にしましょう。

---

### はるはどこ

詞・曲・編曲　武井弘幸
歌　武井静子

F#6
春はどこ　春はどこ
D#m　　　　F#6
吹く風の中
F#6
春はどこ　春はどこ
D#m　　　　F#6
枯れ草の中
D#m　　　F#6
北風　吹くけど
D#m　　　　　　　　G#sus4/C#
たんぽぽ咲いたよ
F#6
春がきた　春が来た
D#m　　F#6　D#m　　　F#6
梅の枝にも　つくしのあたま

# 2 ミニトマトのうた

CD… 2
楽譜…P.61

子どもたちと作曲しました。
五線譜の上に自由にシールを1人1枚貼る……それをモチーフに歌にするという作曲方法。
ぐんぐん伸びていったミニトマトの枝みたいに，とってもおもしろい歌になりました。

《こんなときに使おう》
作業学習，調理実習，生活単元学習，生活科，図工，音楽，交流・共同学習，算数等。

## 使い方の例

授業の導入に歌います。
また，水やりの当番の子と歌ったり，みんなで収穫するときや，収穫したものを目の前にしてみんなで振り返り，形，色，香りを確認するときに歌のフレーズの一部を歌うのも楽しいです。
成った実の数を確認するとき，まず歌ってから「い～ち，に～，……」と数えます。生きた数の学習です。

## Memo

毎日水やりを行いながら，観察日記をつけたり，鉢に植えたものを絵に描いたりしているのではないかと思います。
苗植えは，実が夏休み前につくようにできるとよいですね。
歌詞コードで「$E^{b-5}$」とありますが，変な感じを出しました。可能なら弾いてみてください。

---

### ミニトマトのうた

詞・曲案　'02 I 養護学校小1児童・職員
詞・曲・編曲・歌　武井弘幸

$E^b$
ミニトマト　ミニトマト
$E^{b-5}$
のびてきた
$E^b$
ミニトマト　ミニトマト
$E^{b-5}$
赤くなれ　　　　　　　※
$B^b/D$
なんだかこんがらがって
$A^b/C$　　　　$E^b$
元気(げんき)に咲(さ)いてる

　※繰り返し
$B^b/D$
おひさまぴかぴか
$A^b/C$　　　　　$E^b$
トマトもぴっかぴか

# 3 ひょうたんのうた

CD… 3
楽譜…p.61

コラム5で紹介している「ガムテープ＆ビー玉」作戦で，子どもと一緒にモチーフとなるメロディを考えて作った歌です。

初めて育てる「ひょうたん」。一体どう成長するのか全く謎で，ワクワクしながら作った歌です。ぶら下がっている「ひょうたん」を「鐘」に見立て，音楽の中には遠くで鐘がなっているように仕上げました。

《こんなときに使おう》
朝の会，生活単元学習，生活科，音楽，理科，図工等。

## 使い方の例

図工の時間。育てて乾燥させてできあがった「ひょうたん」に着色をします。

色を塗る前に，歌のフレーズの一部をみんなで歌います。

係が中心になって育ててきた「ひょうたん」を思い出しながら着色し，完成した作品の発表会をします。そのときバックでみんなで歌ってみましょう。

## Memo

初夏，つるの生育が早い「朝顔」「ゴーヤ」と違い，始めはゆっくり伸びる「ひょうたん」。しかし，確実につるを網や支柱にからみつけていきます。

育てたことがない作物にチャレンジしたときの不安感，期待感。成功しなければ文化祭ができない！ そんな気持ちを，「出るかな」「できるかな」にこめました。

みなさんもそんな気持ちを大切に子どもたちと楽しく栽培してください。

---

### ひょうたんのうた

曲案　'12 Ｈ養護学校小１児童
詞・曲・編曲・歌　武井弘幸

| B♭/F | F sus4 | B♭ | F sus4 |
|---|---|---|---|
| ひょ | う | た | ん |
| B♭ | F sus4 | B♭ | F sus4 |
| た | ね | だ | よ |
| G | Dm | G | Dm |
| う | え | た | ら |
| G | Dm | G | Dm |
| 出 | る | か | な |

｝※

A♭/E♭　　　　B♭
のびのび　つる
A♭/E♭　　　　B♭
のびのび　つる
A♭/E♭　　　　B♭　　C
ひょうたん　できるかな

※繰り返し

# 4 あさがおのうた

CD…4
楽譜…p.62

毎年小学1年生は恒例の朝顔を育てます。あたかも子どもたちの命が宿っているかのように、伸び続ける姿に、元気をもらえるようでうれしいです。

こんなおもしろい花の歌を作らないことはないと思い、できた歌がこれです。

《こんなときに使おう》
生活単元学習，生活科，図工，音楽等。

## 使い方の例

初めて朝顔をみんなで生活単元で植えるとき、教室から水やりに出かけ観察しに行くときなどに歌いましょう。

## Memo

私の使った教科書には、小1は小2に進級するとき、新1年生に育てた朝顔の種を手渡す単元がありました。

子どもたちが進級して後輩へプレゼント。私はこの単元を初めて知ったとき、何と素晴らしいことかと思いました。かちかちに緊張していたかつての自分たちが2年生になり、「僕たちもう大丈夫だよ」という気持ちで、種を手渡せるよう見守ります。

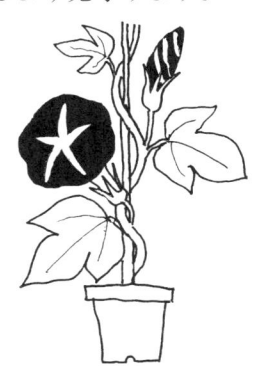

### あさがおのうた

詞・曲・編曲・歌　武井弘幸

こんなに小さな　朝顔の種よ
早く出てこい　お水をあげよう
双葉が出てきた　双葉が出てきた
君のはどうかな　競争だ
早く花よ咲け　早く花よ咲け
早く花よ咲け

朝顔伸びるぞ　どんどん伸びるぞ
つるが巻きつく　それから
(どうなる？)
つぼみが出てきた
ここにもそこにも
やがて咲きだす　どんな花
赤とピンクだね　紫もあるね
空色もあるね

# 5 なつのたのしみ

CD…5
楽譜…p.63

夏休み前。子どもたちばかりでなく先生も何だかうれしくなります。

本当に暑い夏が毎年続きますが、夏のいいものをずらっと並べて歌にしてしまい、プラスの気持ちになろうと作ってみました。

《こんなときに使おう》
生活単元学習，生活科，図工，音楽，理科，学活等。

## 使い方の例

夏を迎えた学校。例えばテントを張っての水遊び、ゆらゆら水クッション遊び、ハンモック遊び、とにかくいろんな遊びの中でこの歌をみんなで元気に歌って、気分を盛り上げていきましょう。

「夏にはどんな楽しみ方があるかな？」と聞いてそのまま、歌にあてはめてみましょう。

夏休みの宿題で、いろいろ体験したことをこの歌にあてはめて発表会をするのも楽しいと思います。

## Memo

水クッション（写真）。強めのビニールを何重にも重ね、少し絵具を溶かした水を入れ作ります。大袋もいいですが重いので小袋で何個も作ると移動に便利。常温でもひんやり。遊びに重宝します。

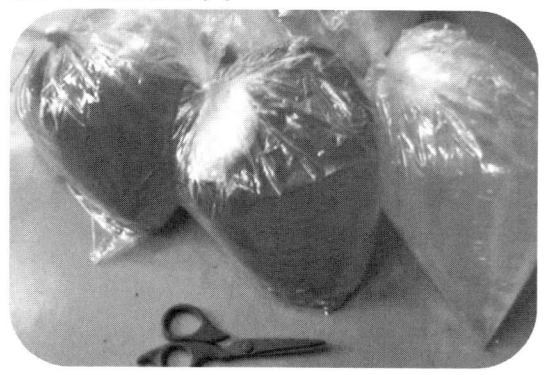

---

## なつのたのしみ

詞・曲・編曲　武井弘幸
補編曲　小島　薫
歌　武井穂乃花

C　　　　　　　Am
なつのたのしみは
　　F　　　G
すいか　かき氷
C　　　　　　　Am
なつのたのしみは
　　F　　　G
花火　水遊びだよ
C　　　　　　　Am
なつのたのしみは
　　F　　　G
昼寝　せみとり
C　　　　　　　Am
なつのたのしみは
　　F　　　G　　C
うなぎ　アイスクリーム
F　　G　　F　　G G7　C
なつ　なつ　なつ　なつ　なつ

C　　　　　　　Am
なつのたのしみは
　　F　　　G
キャンプ　山歩き
C　　　　　　　Am
なつのたのしみは
　　F　　　G　　C
ぶどう　ぼんおどりだよ
C　　　　　　　Am
なつのたのしみは
　　　　　　G
お化け　きもだめし
C　　　　　　　Am
なつのたのしみは
　　F　　　G
風鈴　夕涼み
F　　G　　F　　G G7　C
なつ　なつ　なつ　なつ　なつ

# 6 ゴーヤのうた

CD… 6
楽譜…p.63

近年注目されている「ゴーヤ」。緑のカーテンによる節電効果や、夏の暑さに負けない苦さのパワーがあります。

施設内学級で作った歌です。作詞は同僚の先生。さらっとした歌詞の中に、優しさが詰まっています。

夏の炎天下、暑さをものともせず、のんびり力強く生育しているイメージで作りました。

《こんなときに使おう》
朝の会、生活単元学習、生活科、理科、作業学習、図工等。

## 使い方の例

朝の会前の係活動の時間、「ゴーヤ」の水やりを兼ねた観察の時間、収穫するとき等に歌ってみます。

## Memo

「ゴーヤ」のごつごつに触らない手はありませんね。感触遊びとしても楽しめます。また「ゴーヤ」独特の匂いは、葉っぱが生育する段階から匂います。

生育で気をつけなくてはいけないのが、農薬をまいたりするとき。口に入れる物は、安易に農薬は使えないので、木酢液（もくさくえき）がよいそうです。液の匂いが強いので、気をつけましょう。

作業学習等で収穫したときは、みんなで元気に歌ってください。

---

### ゴーヤのうた

詞　渡辺佳代
曲・編曲・歌　武井弘幸

　C　　F　　Dm　　　　　G　　C
ぶつぶつしている　ゴーヤ
　C　F　Dm　　　　G　　C
緑のカーテン　ゴーヤ
　Dm　　　　Em　　F　　　G
緑のうちに　早く穫ってね
　Am　　　Em　　F　　G7　C
黄色や赤に　なる前に

　C　　F　　Dm　　　　　G　　C
でこぼこしている　ゴーヤ
　C　F　Dm　　　G　　C
沖縄名物　ゴーヤ
　Dm　　　　　　Em
おいしい料理は
　F　　　　　　　G
ゴーヤチャンプル
　Am　　　Em　　F　G7　C
ちょっぴり　苦い　味がする

季節の歌（春・夏）

●コラム１

# 歌を歌う

　歌を歌う。
　音楽の時間以外で歌を歌うことに抵抗があるかもしれません。しかしもし可能なら，授業の初め，もしくは強調したい場面等で歌を歌ってみたらどうでしょうか？　これは授業を盛り上げるための一つの提案です。単元の目標に迫り，導いてくれる手助けとなると思うのです。
　私は以前ある大学で授業が始まる前に歌を歌うということに出くわしました。最初驚きましたが，後でとても爽やかな気分で授業に入れたのを思い出します。歌う声は小さくても気分がアクティブになりました。
　考えたら，教会では牧師さんの話の前に，讃美歌を歌いますが，この大学は讃美歌も含めいろんな歌を歌いました。この場合は授業に向かうための気持ちを落ち着かせる意味合いが強かったように思いますが，授業の動機づけとしての位置づけで歌うのです。単元で取り組む授業の前に，単元に関連する歌を歌えば，「あ，この勉強だ！」とわかります。それは美しい田園風景を見てお馴染みの登場人物の掛け合いがありテーマソングが流れるテレビドラマと同じです。上手下手とかでなく，先生が歌を歌ってくれていることこそが非常に大切だと思います。
　あと私が最初感じたこと。授業で歌を歌うことを恥ずかしいと思う裏には，子どもより一緒にチームを組んでいる同僚が何か思うのでは？　と思い込んでいることがあります。でも，そんなことはありません。むしろ「歌をいくつか歌うので盛り上げてください」と話をしておきましょう。「ごめんね，あまりうまくないかもしれないけど力を貸してください」とチームの仲間に頼み，取り組んでみてはどうでしょうか。
　歌は何でもいいですが，その授業に関連づけられるものがいいです（私の場合は，授業にマッチするものを作って，本書になりましたが……）。でもこの本の歌にこだわらず，何でも構わないので，子どもや集団が好きな歌を授業の中で歌ってみましょう。

# 季節の歌
## ―秋・冬―

# 7 秋風ふいて

CD…7
楽譜…p.64

秋，大好きな季節。今は暑い夏が続いて，急に秋になるという感じですが，やはり秋はいいものです。

季節感を子どもたちと感じ合って共感できる楽しい授業が組めれば素晴らしいと思います。

《こんなときに使おう》
生活単元学習，生活科，朝の会，理科，国語，図工，音楽等。

## 使い方の例

生活単元の授業の最初にこの歌を歌います。

この授業では，子どもたちと教室前の中庭を散歩します。

演出として，中庭には，事前にカセットコンロで「さんま」「松茸（豪勢！）」を焼いている先生がいます。コースを回りながら，その香りを共感します。

そのあと，あらかじめ用意しておいた「枯れ葉プール（以前みんなで枯れ葉を集めて，汚れを取って天日干しし，ビニールプールに入れたもの）」で感触を感じ，ほのかな香りも楽しみます。

外気浴ではさんまを焼く匂いは最高ですが，他にキンモクセイなどの香りを嗅ぐポイントを設定してもOKです。歌詞を替えてみんなで楽しむものを歌いましょう。

## Memo

木の実や葉っぱは活用したいものですが，アレルギーのある場合があるので，事前に注意しておきましょう。

### 秋風ふいて

詞　岡中知子／曲　篠田奈緒美・草田志乃
編曲　武井弘幸／歌　武井穂乃花

E♭　　　　　B♭　　Cm　　　　　Gm
外にゆこう　風にふかれて

A♭　　　　　　　E♭
枯れ葉　舞い散る

　　　E♭　　B♭　　E♭
赤と黄と茶の世界

E♭　　　　　　　　B♭
さんま　焼きいも

Cm　　　　　　Gm
おいしいにおい

A♭　　E♭　　　　E♭　B♭
秋色の中　みんなで歌を

E♭
歌おう

　　　　E♭　B♭　E♭　E
みんな僕らの仲間

E　　　　　B　　C♯m　　　　　G♯m
外にゆこう　風に吹かれて

A　　　E　　　　E　B　E
秋色の中　みんなで歌を歌おう

E　　　E　　B　　E
みんな僕らの仲間

# 8 ぎんなんのうた

CD… 8
楽譜…p.65

秋は香り，色，バラエティ豊かですが，いい匂いばかりでなく，臭さの体験をすることも大切と思います。その代表が「ぎんなん」ですね。

《こんなときに使おう》
生活単元学習，生活科，学活，理科，作業学習等。

## 使い方の例

生活単元学習の単元「秋を探しに行こう」で，今日の目的は，謎の匂いのする「ぎんなん」探し。

その出発前みんなでこの歌を歌います。無事収穫してきた「ぎんなん」を前にもう一度歌います。

## Memo

「ぎんなん」は，落ちたのを拾ったり，落としたりして集め，それを洗います。このときの匂いが強烈！　子どもたちにはちょっと気をつけなければいけませんが，一日新聞紙の上に大量に置いて乾かし，次の日に匂いを嗅ぎます。周りの黄色い皮は強烈なので，種の部分を使いますが，くれぐれも飲み込んだりしないように！

ただし，先生たちが熱中しすぎないように！　実は，これは私の反省です。

ほんのちょっとの「不快」な匂いを嗅いだら，よい匂いもセットであとで嗅ぎましょう。

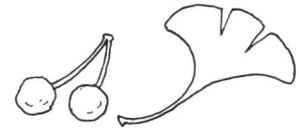

---

### ぎんなんのうた

詞・曲・編曲・歌　武井弘幸

　　C　　　F　　　　C　　　G
みんなでゆこう　枯れ葉の道を
　C　C7　F　　　　G　G7　C
めざすはイチョウ　ぎんなんだ～
　F　　　G　　Em　Am
でも言いにくいけど
　F　　　　　　G
ちょっぴりにおう　だけど
　C　　　　F
そんなの関係ない
　C　　G　　　　C　C7　F
食べたらわかる　ぎんなんの味
　G　G7　C
おいしいよ～

　C　　　F　　　　C　　G
落ちたの拾おう　竹竿使おう
　C　C7　F　　　　G　G7　C
ボールも使おう　何でも使おう
　F　　　G　　Em　Am
でも気をつけましょう
　F　　　　　　G
かぶれないでね　だけど
　C　　　F
みんなでゆこう
　C　　　　G
枯れ葉の道を　　　　　※
　C　C7　F
めざすはイチョウ
　G　G7　C
ぎんなんだ～

※繰り返し

季節の歌（秋・冬）

# 9 かえでのみ

CD… 9
楽譜…p.66

子どもたちと学校内を散策したとき，「かえで」の木にたくさんのおもしろい形をしたものがぎっしり。これが「かえで」の実であることを知りました。

取って空に投げると，何とヘリコプターのようにくるくる回りながら落ちてくるではありませんか。子どもたちの目は釘付け。これは歌にしたいとすぐ作ったのがこれです。

ちょっとジャズっぽい感じになりました。

《こんなときに使おう》
生活単元学習，生活科，学活，音楽，図工等。

## 使い方の例

文化祭を目指し生活単元を組んだ例です。秋の木の実等を付けた服でファッションショーをしようと，日常の生活単元でみんなで集めた木の実，種。それを授業では匂いを嗅いだり，感触を確かめます。

「オナモミ」「センダングサ」等を授業で投げたり落としたりして服に付けます。

そして文化祭当日，秋のファッションを身にまとった子どもたちに紙吹雪のように「かえで」の実をまきます。そのときもこの歌を歌います。

## Memo

雪のような虫のような，不思議な軌跡を描いて落ちてゆくのがおもしろくて仕方ありませんでした。

ただし，秋の野草等はアレルギーチェックを！

---

### かえでのみ

詞・曲・編曲・歌　武井弘幸

$CM_7$　　　$D_m7$　　$CM_7$　　　$D_m7$
くるくるくるり　くるくるくるり
$CM_7$　　　$D_m7$　　D　　　$G_7$
くるくるくるり　かえでのみ
$CM_7$　　　$D_m7$　　$CM_7$　　　$D_m7$
くるくるくるり　くるくるくるり
$CM_7$　　　$D_m7$　　D　　　$G_7$
くるくるくるり　かえでのみ
$CM_7$　$(E_m/B)$ $A_m7$　$D_m7$　$FM_7$　　G
秋の　夕空に　　気持ちよさそうに
$G_7$
Mm……
$CM_7$ $(E_m/B)$ $A_m7$　$CM_7$　$FM_7$　　G $(G_7)$ $CM_7$
秋の夕空に　くるりくるりくるり

$CM_7$　　　$D_m7$　　$CM_7$　　　$D_m7$
ゆらゆらゆらり　ゆらゆらゆらり
$CM_7$　　　$D_m7$　　D　　　G
ゆらゆらゆらり　かえでのみ
$CM_7$　　　$D_m7$　　$CM_7$　　　$D_m7$
ゆらゆらゆらり　ゆらゆらゆらり
$CM_7$　　　$D_m7$　　D　　　$G_7$
ゆらゆらゆらり　かえでのみ
$CM_7$　$(E_m/B)$ $A_m7$　$D_m7$　　$FM_7$　　G
秋の公園に　　ヘリコプターだね
$G_7$
Mm……
$CM_7$　$E_m/B$ $A_m7$　$CM_7$　$FM_7$　　G $(G_7)$ $CM_7$
秋の公園に　ゆらりゆらりゆらり

# 10 ふくわらいのうた

CD… 10
楽譜…p.67

顔の中にあるパーツを勉強しながら、ことばの勉強をする授業。1月の遊びで行いました。

《こんなときに使おう》
国語，生活単元学習，学活等。

## 使い方の例

生活単元学習，ふくわらい単元の前にみんなでまずこの歌を歌います。せっかく顔を扱う単元ですから，主指導の先生も子どもと共に顔の表情をいっぱいおもしろく変えて歌ってみましょう。

「ふくわらい」をする子どもたちを応援するときの歌として歌ってもよいし，「♪ふくふく……」の部分だけのフレーズを繰り返します。楽しく遊べたら最後にもう一度歌ってみるのもよいと思います。

## Memo

ふくわらいは，先生や友達の全面協力を得て学校限定のものを作成。単純に顔を4パーツに分けたものを作成しました。モンタージュ写真の要領です。比較的揃えやすかったです。

単純に「目」「口」「鼻」といった模式的なものでなく，いつも一緒に学校生活を送っている友達や先生の「目」「口」「鼻」……それらすべてが「目」「口」「鼻」の概念です。違う友達の目と，違う先生の鼻が一緒になって大笑い。授業を楽しく共感できる醍醐味が「ふくわらい」にはありますね。

この歌も本当に単純な歌にして，授業前にも歌いましたが，パーツを一緒に動かしながら歌うのも楽しかったです。

歌は，あえて不可思議な世界に行こう！というイメージで作りました。すべてキーボードの黒鍵だけで作りました。

---

### ふくわらいのうた

詞・曲・編曲・歌　武井弘幸

E♭m
ふくわらい　ふくわらい

G♭
ふくわらい　ふくわらい

E♭m
ふくわらい　ふくわらい ┐

G♭                   │
ふくわらい　ふくわらい │ ※
                     │
E♭m                  │
ふく・ふく・ふく・ふく │
                     │
ふく・ふく・ふく・ふく ┘

※繰り返し（2回目は少し早く）

G♭　　　　　　　　E♭m
ふくわらいだよ

季節の歌（秋・冬）

写真を撮る

だいたい4等分できる位置にそろえて切る

部品ごとのパーツから選んで合体！

# 11 おにのうた

CD… 11
楽譜…p.67

節分には，鬼に豆をぶつける遊びを，どこでもやっているとは思いますが，元気に歌いながら鬼をやっつけるような歌ができないかなぁと思い，こんな歌ができました。

《こんなときに使おう》
生活単元学習，生活科，学活，音楽，交流・合同行事等

## 使い方の例

学年で合同豆まき行事をするときの場合です。

子どもたちが会場に来たらついたてが立っていて，そこに黒い布がかかっています。

その後ろから「♪鬼が出てきた」と歌を歌いながら，鬼が出てきました。司会の合図で「♪豆を取り出せ」からみんなで歌います。

豆を投げるなら，再度歌ってみて，盛り上げます。

## Memo

たいてい先生が鬼の役となり，お面をかぶって，子どもたちの前に立ちはだかる形ですよね。

やはり防具として段ボール製の箱でお面を作り，それをかぶったのが今までで一番安全だったなぁ，と思います。

鬼の役はやりたがる子どもでもよいと思いますが，目に当たったり，落ちた豆で転倒することがないよう気をつけましょう。

また，豆にこだわることなく新聞紙を丸めたものでもよいでしょう。

豆を投げるときは，あまり強く投げないようにします。

### おにのうた

詞・曲・編曲・歌　武井弘幸
補編曲　小島　薫

　G　　　　　　　　A
鬼が出てきた　悪い鬼だぞ
　D　　　　　　　D
ワッハッハー　ワッハッハー
　　　　　　　G
と　笑ってる

　G　　　　　　　A
赤い鬼だぞ　青い鬼だぞ
　D　　　　　D　　　　G
強そうな　角生えてるぞ
　C　　　　　　　G　　　G7
豆を早く取り出せ
　C　　A　　D
投げつけろー！
　G　　　　　　　　　G
鬼は外，外（鬼は一外一！）
　A　　　　　　　A
福は内，内（福は内一！）
　D　　　　　D　　　　　　G
鬼たちは　逃げ出しちゃうぞー

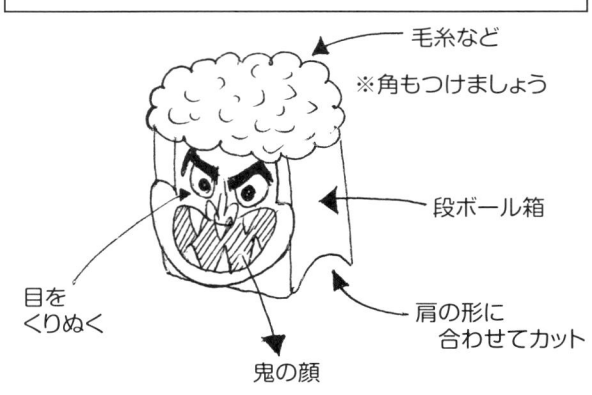

●コラム2

# 手づくり楽器を作る① ―擦弦楽器―

　手作り楽器を，自分で一から作ってみて，（何か偉そうですが）楽器の文化というか，なぜ楽器はこういう形のものができあがったのか，非常に勉強になった思い出がありました。それを子どもに提示するときちょっと気持ちが変わって，音の出し方に工夫ができた気がします。

　爪弾いて音を出すギター，ウクレレと違って，擦って音を出す楽器，具体的にはバイオリン，チェロ等です。どうして，弦を擦って音が出るのか，私は不思議で仕方がありませんでした。
　昔，宮澤賢治の「セロ弾きのゴーシュ」の劇をやったとき，小道具の一つとしてチェロを作りましたが，針金やテグスを擦っても，蚊の鳴くような音はしますが聴こえにくい。ふと，摩擦を付ける仕掛けを作ればいいのでは？　と気がつきました。
　それで音が大きくなるようなものを塗ればいいんだ，と思い，弦に木工ボンドをつけてみることにしました。塗ってから少し乾かし，弾いてみたら何と少し大きな音が出たではありませんか！　私はうれしくなってしまいました。
　でもオーケストラの人たちはいちいちボンドを塗るわけはないし，それで初めて「松ヤニ」のことを知りました。でもまだまだ音が小さすぎます。
　そこから，音が共鳴して響くような仕掛けがいる，ということに気づき，空き缶や木の箱に棒を付けて丈夫な弦を張らなければいけないことが分かりました。でも子どもたちと遊ぶにはここまでで十分で，そのボンドをつけて，ボンドの皮がひらひらしている奇妙な楽器は，奇妙な音を出してくれました。
　子どもたちは，ヒューンとグリスタンド（鍵盤を，手のひらや指の腹で高いキーから低いキーもしくは逆の方向に滑らせるように弾くこと）する音，ドップラー効果みたいな音をとても喜んだのを思い出します。
　またあるお子さんは，この楽器を使って，ある民謡を演奏したらオシッコの出がよくなったことがあり，何か因果関係があるのかなとも思いましたが……。ちなみに水の音は，利尿効果があるとのことを聞いたことがありますが，つくづく音楽や音による生理現象への影響のすごさを感じます。

＊手づくりの擦弦楽器（例）

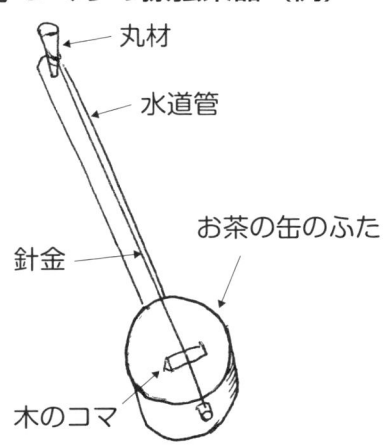

[用意するもの]

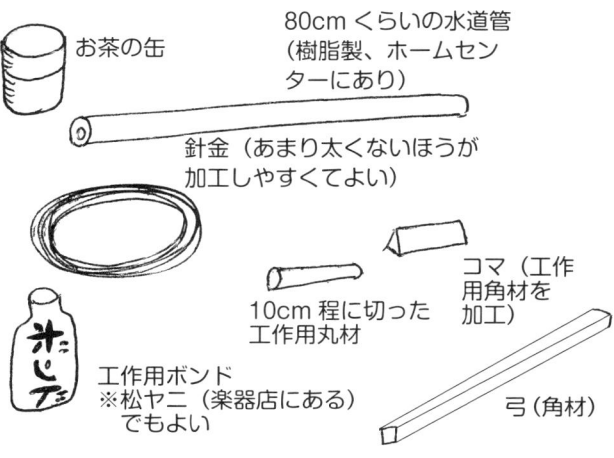

① お茶の葉っぱの入っていた空き缶のふたを取る。

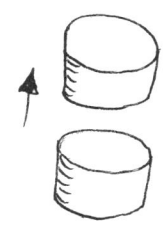

② 空き缶のふたにポンチ等で水道管が通る程度の穴を開ける。(事前に印をつける)

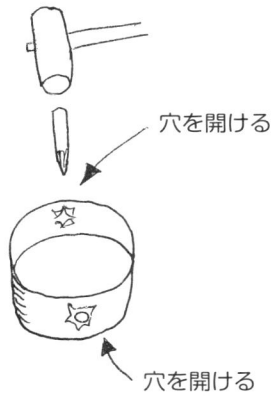

穴を開ける

穴を開ける

③ 水道管の一番上(ネック)に丸材が貫通する程度のきつめの穴をドリルで開ける。

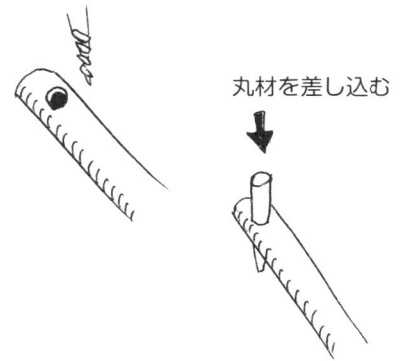

丸材を差し込む

④ ふたに水道管を通す。

この部分は怪我をしないように加工する。金属の切断面をボンド、ビニールテープ等で覆う

出っ張りを出しておく(約2cm程度)

⑤ 組み立てる。

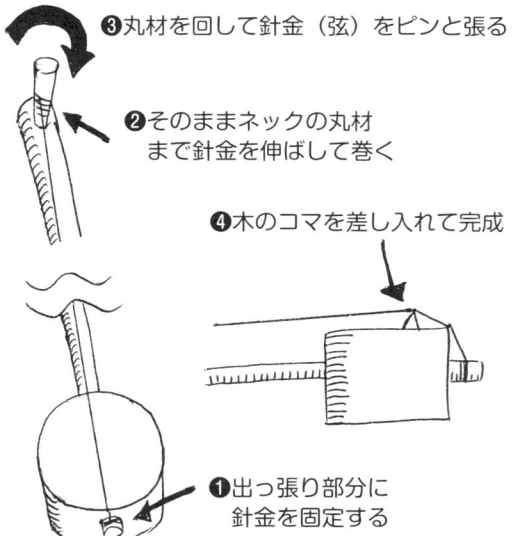

❸丸材を回して針金(弦)をピンと張る

❷そのままネックの丸材まで針金を伸ばして巻く

❹木のコマを差し入れて完成

❶出っ張り部分に針金を固定する

⑥ 弓(筆者は木の棒で作った)が擦れる部分に工作用ボンドを塗る。乾いてからその部分を擦ると音がする。

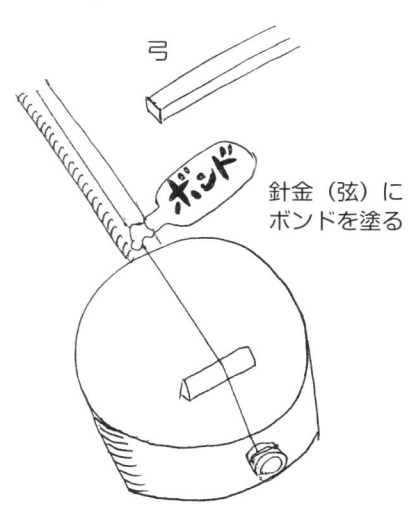

弓

針金(弦)にボンドを塗る

# 学校生活・行事の歌 1

# 12 てつなぎ

CD… 12
楽譜…p.68

運動や手作業をする場合，大人でも体や手を軽く動かしたり，ほぐしたりします。

体がほぐれることで，様々な事故を防ぎ，動き方・感じ方が違ってきて，より取り組みやすくなります。

同じように，子どもたちが感触遊びや作業をする前，ウォーミングアップとして手に触れて感覚を高めてから行うと，ぐんと入り方から違ってきます。

《こんなときに使おう》
朝の会，体育，生活単元学習，学活，図工，自立活動，交流・共同学習等。

> **てつなぎ**
>
> 詞　武井弘幸／曲　武井駿介・穂乃花・弘幸
> 編曲　武井弘幸／歌　武井ブラザーズ3
>
> D　　　　　D
> てつなぎ　てつなぎ
> G　　　　　A
> 先生と　てつなぎ
> D　　　　　D(もしくはD/F♯)
> てつなぎ　てつなぎ
> G　　　　　A
> みんなと　てつなぎ
> A　　　D
> てあわせ

## ❀ 使い方の例

ここでは図工での例を紹介します。

「さぁ！　今日は粘土で遊ぶよ！」と言ってみんなでまず歌います。授業の導入として歌って，だんだんみんなが集まってくるイメージでもよいと思います。「♪てつなぎ」のフレーズを繰り返し，手を軽く揺らしたり，子どもの手を優しく包み込むようにしたりします。全員で輪ができたら，それもいいですね。「♪てあわせ」でピタッと手と手を合わせましょう（可能な形で）。それから図工で本日使う粘土に触れていきます。

## ❀ Memo

感覚過敏があって，物に触ることが苦手で怒ったり，逃げたりする子に，何とか遊んでほしいと切なる思いを持たれる先生たちも多いと思います。もちろん，せっかく準備した粘土やスライム，小麦粉等で遊べるようになるという最終目標に向かいたいのですが，長いスパンで見ていきたいです。

手が使えるようになるには，何カ月もかかる場合があるでしょう。いきなり手に物を持たせたり握らせたりではなく，そのために日頃から手に触れ握るということが大切です。

固く握った手を優しく包み込み，リラックスした手で握手できる日を信じ，繰り返し，スピードを変え取り組みたいものです。

なお，粘土などの素材は，アレルギーに注意しましょう。

# さかなをつかまえよう

CD… 13
楽譜…p.68

さかなを獲るゲームはとてもおもしろいものです。たくさん GET しようと，子どもたちもやっきになります。

ことば・かずの時間。ひらがなを覚えることにさかな釣りゲームの要素を入れたものを考えましたが，そのとき作った歌がこれです。

歌は単純にして歌いやすくし，魚釣りのワクワク感が，ひらがなを覚えることにつながればと思いました。

《こんなときに使おう》
国語，算数，自立活動等。

### さかなをつかまえよう

詞・曲・編曲・歌　武井弘幸

D
さしすせさしすせ　さかな
Em
かきくけかきくけ　さかな
F♯m
なにぬねなにぬね　さかな
G　　　　　　　A　A7
さかなを　つかまえよう

D
さしすせさしすせ　さかな
Em
かきくけかきくけ　さかな
F♯m
なにぬねなにぬね　さかな
G　　　　A　　　D
さかなを　つかまえよう！

## 使い方の例

ことば・かずの授業の初めにまず歌います。

パソコンのひらがなを覚えるゲーム式の教材はたくさんあるかと思いますが，私はパワーポイントでさかなを獲るゲームを作りました。この子はさかなが大好きでしたが，ひらがなは苦手でした。でも，「さ」「か」「な」の文字が読めたら，その度にゲームで釣れる形にしました。

パソコンの中に，この歌を入力しておき，子どもがひらがなを回答するまで流れるようにしておきました。

## Memo

私は子どもに合わせたゲームを探すのが面倒で自分で作ってしまいましたが，子どもたちと楽しめるものを準備されるとよいと思います。決してパソコンのものばかりではありません。

また，宿題で授業と同じ内容のものを行って，定着できるように持っていきましょう。学校でしか答えられないのでなく家庭でもできるように般化しましょう。

ひらがなの定着は，学校給食で，例えば「ぱん」「さかな」など，食べ物が出たときや，休憩時間に見ている絵本について一緒に話し合う中でも広げていけます。

そういうコミュニケーションも大切にしながら，生活の中に根ざしたことばが育まれていくとよいと思います。

# 14 おそうじのうた

CD…14
楽譜…p.69

子どもが「先生何してるんだろう？」と常に興味を持つようになりました。

これこそチャンス。周りの大人が行うことがらに興味を持つ中で、ひらがなの定着に結びつけようと考えました。そこで、毎日家でお母さんがしている「掃除」を使うことを思いつきました。

ここにも実にたくさんの生きた「ひらがな」のことばがありました。

《こんなときに使おう》
国語, 生活科, 生活単元学習等。

## 使い方の例

ことば・かずの時間（国語・算数）の前に歌います。歌では「はきはき」等のことばを子どもたちに言ってもらうのもよいと思います。

遊びの中で「ほうき」「ちりとり」の文字とカードのマッチングをさせたり、最初の文字のみ言うようにさせたりなど、個々人で目標が違うかと思いますが、それができたら、一緒に楽しく掃除をします。

## Memo

また、歌にはありませんが、掃除機遊びの中でいっぱい文字を覚えるのも楽しいです！（下記参照）もちろん宿題などでさらなる定着を図り、家でのお手伝いにもつながるとばっちりですね。

### おそうじのうた

詞・曲・編曲・歌　武井弘幸

| Am | Dm |
ほうきで　はきはき
| Am | E |
チリトリ　とりとり
| Am | Dm |
ごみばこ　ポイポイ
| F | G | Am |
ぞうきん　きれいに　シュッ
| Am | Dm |
ほうきで　はきはき
| Am | E |
チリトリ　とりとり
| Am | Dm |
ごみばこ　ポイポイ
| F | G | Am |
ぞうきん　きれいに　シュッ
| Am | E | Am |
はい！　おしまい！
| Am | E | Am | A |
はい！　おしまい！

## ワンポイント遊び

習った文字を小紙片に書いたものを床いっぱいにばらまき、それを掃除機で吸い取る遊びをしたり、床や机に消えやすい素材で習った文字を書き、それを拭き消すなど、工夫してみましょう！

# 15 なんこになるのかな

CD… 15
楽譜…p.69

ことば・かずの勉強で作った歌です。

ことばと違って，かずを数えるのがちょっと苦手だった子と一緒に，何回も何回も同じ数字を使った遊びをしました。

数字を中心に行う授業のときはこれを歌いました。

《こんなときに使おう》
算数，生活単元学習等。

### なんこになるのかな

詞・曲・編曲・歌　武井弘幸

```
C                    Dm
なんこになるのかな
G                     C
なんこになるのかな    ┐
C                   F │ ※
なんこになるのかな    │
G                     C │
なんこになるのかな    ┘
```

※繰り返し

## 使い方の例

ここでは算数でのボーリング遊びを紹介します。

10までの数を正しく数えます。授業の前にこの歌を歌います。ボーリングが大好きで，投げたくて仕方がないお子さんですが，先生との約束で，今日の目標としている数字の勉強ができるまで，次のゲームはできません。じっと待つことが多い授業かもしれませんが，この子ができるまで（例えば，今日は3までの対応ができるようになる等）「♪なんこになるのかな？」と優しく歌って待ちます。

数を数えたり，数にこだわったり等，数を意識化するためには，子どもにとって授業が意味を持たなければいけません。

「数えさせられる」とか，「覚えさせられる」状態では，まだ発達的にやっと数を認知し始めた段階の子には数への意識を持たせられません。私も，最初は何度となく失敗をしましたが，時間がかかっても彼なりに数を認識してくれるきっかけになればと，思っていました。

歌は本当に単純で，同じ歌詞がずっと続き，授業で数えながら繰り返し歌いました。そのおかげで，給食の時間に子どもが口ずさんでいたこともあって，うれしかったのを思い出します。

## Memo

教室にある生活にかかわっているものの中には，「生きた使っている数字」がたくさんあります。カードやパワーポイントで授業をしていても，それから発展して，数が使いこなせるようになるよう，具体物を常に提示して，般化をはかります。きちんと定着したら，しっかりほめることが大切です。

# 16 宇宙旅行だーい！

CD…16
楽譜…p.70

単元で宇宙旅行を計画しました。目的は①揺れ（上下，左右），②加速を感じながら前へ進む，③回転感覚を子どもたちに体験してもらうこと。

加えて，それをよりわかりやすくするために光を使ったり，大きなスクリーンに映像を映し出し，補助的に体験を演出してみました。

そのワクワク感が感じられるようにと作った歌です。

《こんなときに使おう》
体育，自立活動，学活，生活単元学習等。

## 使い方の例

体育での授業の例です。

まず授業の初めに歌って雰囲気を高めます。大型のボール，ボールサーフィン，ユサブランカ（下図）という樹脂製の遊具を使います。

少し大がかりでしたが，わくわく感がたまらない遊びとなりました。

この歌は，途中に語りがあります。かつて遊んだ子どもたちに関係することばを入れ，子どもたちのモチベーションも高めました。遊びの最中に音楽をエンドレスで流してもよいです。

## Memo

楽しい宇宙旅行遊びも，つい熱が入りすぎることで（私も大反省です）強い刺激の提示をしてしまいがちです。

小さな揺れ，短い時間で子どもたちは十分満足する場合が多いと思います。

安全に気をつけ楽しく遊びましょう。

---

### 宇宙旅行だーい！

詞・曲・編曲　武井弘幸
補編曲　小島　薫
歌　武井弘幸・穂乃花

B♭　　　　　　C　　　　　F　　　　B♭
きらめく　星（ほし）くず　宇宙（うちゅう）のかなた

B♭　　　　　C
ロケットに　乗（の）って

F　　　　　　　　　F7　B♭
会（あ）ってみたいな　宇宙人（うちゅうじん）

◎子どもたちを主にした語り
| 例 | シートベルト | （決まったね！） |
| 方位確認 | （イェイ！） |
| サチュレーション | （100！） |
| キューピーポーズ | （バンザーイ！） |
| スイッチオン | （エヘヘ！） |

スリー　ツー　ワン　ゼロ
3，2，1，0！

B♭　　　　C
金星（きんせい）　土星（どせい）

F　　　　　　　F7　B♭
アンドロメダ過（す）ぎて

B♭　　　　　C
みんなで　楽（たの）しい

F　　　F7　B♭　　　　B♭
宇宙旅行（うちゅうりょこう）だーい！

# 音楽が，さあ，はじまる

CD… 17
楽譜…p.71

音楽の時間の始まりを意識できるといいなと思い作りました。

なぜか自分の中にあったイメージは，子どものころに観たアメリカのショータイムか何かのオープニングのテレビ番組でした。作っていくうちに，こんな形になりました。

《こんなときに使おう》
音楽，特活（学年行事）等。

### 音楽が，さあ，はじまる

詞・曲・編曲・歌　武井弘幸

```
        F              D    Gm
音楽が　さあ，始まる
              C
元気よく　ラララ　ラララ    ※

ラララー

    ※繰り返し

OH！
```

学校生活・行事の歌 1

## 使い方の例

音楽の授業の初めに歌います。リズムに乗って，それぞれの子が得意な楽器を鳴らしながら歌うのもOKです。

とくに音楽の時間は，好きな子が多いですよね。気持ちを明るくリセットしてやろうという感じでできるとよいかなと思います。

どの授業でも言えることですが，主指導の先生を盛り上げて，手拍子やあいの手を入れましょう。

## Memo

「さあ！　みんないくよ！　ワン！　ツー！　スリー！　ハイッ！」みたいな感じでスタートできると楽しいですね。1回目は軽く，2回目は1オクターブ低いベース音を響かせて演奏できると盛り上がると思います。

# 18 かざぐるま

CD… 18
楽譜…p.71

誰もが作ったことがあるかざぐるま。できた羽根が回る様子は，子どもたちの興味を引きます。

沖縄風の曲調でこの遊びの歌を作ってみました。

《こんなときに使おう》
生活単元学習，生活科，図工等。

## 使い方の例

図工で風車を作る前の時間にこの歌を歌います。

そのあと先生が実際に作ったモデルの風車を見せ，作業に入ります。みんなが完成したら，再びこの歌をみんなで歌うのも楽しいでしょう。

## Memo

風車は回転軸のところに細めのストローを入れ，支柱を針金式にするとよく回ります。風車はなるべく色彩の鮮やかさ，形の大きさ・ユニークさ等を出して子どもたちが興味を持つように提示するのも楽しいです。

また，ペットボトルを使った風車もとても楽しいですよ。これはよく畑で鳥よけとして見かけます。カッターナイフを使って作るので注意が必要ですが，回転がスムーズで，回りやすいです。また，釣りに使うテグス糸が丈夫で使いやすいです。私もよく作りました。おもしろいのは，張ったテグス糸からかわいい何とも言えない音がすることや，色を付けると，非常におもしろい色彩となること（子どもたちの視線をここに向ける学習にもGOOD！），切りこみ方で逆回転になること等，私も一時はまってしまったほどでした。

暖かい日（日差しに注意しながら），地面にシートを敷いて寝ころがったり，座ったりします。上空に風車をたくさん付け，それが見えるようにして，子どもたちと一緒に眺めて寝ころびます。とても楽しい時間です。

また子どもに当たったりしないように工夫をして，車いすの背もたれの支柱に紙製の風車を付け，車いすが動くと一緒に風車が動くというのもおもしろいですね。しかし，くれぐれも車いすの動かすスピードを速めすぎて，事故等にならないように気を付けてください。

ダイナミックな遊びも大切な場合がありますが，小さな動き，風を感ずること，その中で子どもたちと小さな現象に共感して，楽しい一時になるように工夫してみましょう。この歌を作ったときも，教室の窓にある風車がとてもいい演出をしていたのを思い出します。（コラム3にペットボトル風車の作り方を紹介しています。）

---

### かざぐるま

詞・曲案　'03 I養護学校小2児童・職員
編曲・歌　武井弘幸

C　　　Csus4
かざぐるま（アイヤ）
C　　　Csus4
かざぐるま（アイヤ）
C　　　Csus4
ぐるぐるまわるよ
C　　　Csus4
かざぐるま（アイヤ）　※

※繰り返し

◎あいの手（アイヤ）は自由に入れ，歌全体は好きなだけ繰り返す。だんだん早く歌うのも楽しい。

● コラム3

# ペットボトル風車

　ここでペットボトルで簡単に作れる風車の作り方を説明します。
　よく畑で鳥よけとしても使われていますね。
　材料はペットボトル（フタも），カッターナイフ，油性ペン，紙片，テグス糸，千枚通し。

① まず右の図のようにペットボトルを手に取り，面を確認します（ここでは5面の曲面）。

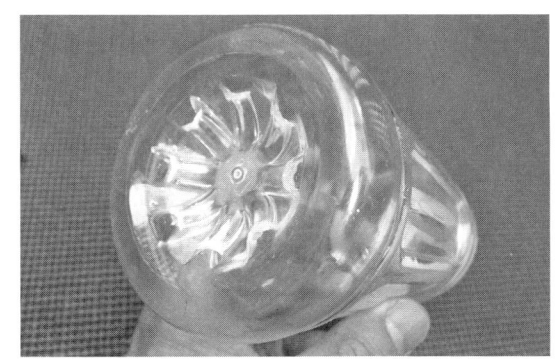

② 紙片を用意し，自由な大きさで右のような形の羽根を作ります。幅は，同じものを5面均等に取れるよう工夫します。斜めカットをして長さをわざと変えることがミソです。

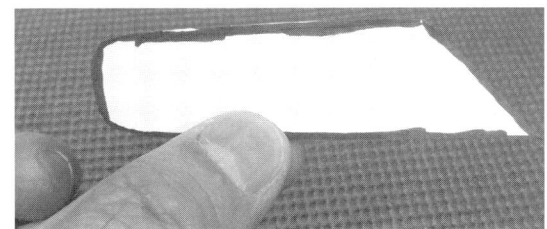

③ 油性ペンでペットボトル表面に羽根の形を写し取ります。このときペットボトルの表面が複雑な形をしていてもOK。できた羽根の微妙な凹凸がうまく風をとらえます。

④　全部の面に写し取ります。

⑤　カッターナイフで注意しながら切り込みを入れます。指の怪我に注意します。

⑥　切った羽根を広げます。なお②で角度をつけた根もとの部分を，逆にカットすると逆回転します。羽根は均等に広げられているように調節をしましょう。
　　※⌒＼と⌒／では，回転が逆になります。

⑦　羽根に色をつけます。ここで子どもたちと自由に着色するとよいでしょう。ただし，カット面は怪我に注意を！　着色は油性ペンがよいですが，外に長く出しておくと色落ちしてくるので，濃い色のペイントもよいでしょう。

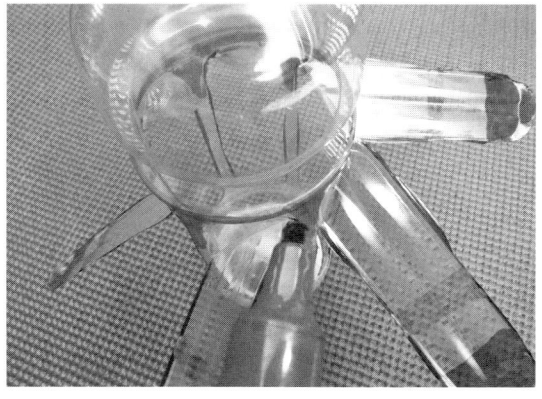

⑧⑨　次に千枚通しでキャップ，底それぞれ中心点にあらかじめ印をつけておき穴を開けます。この場合電動ドリルや，火で熱した千枚通しを使うと簡単に開きます。ここは大人がやっておいた方がよいでしょう。

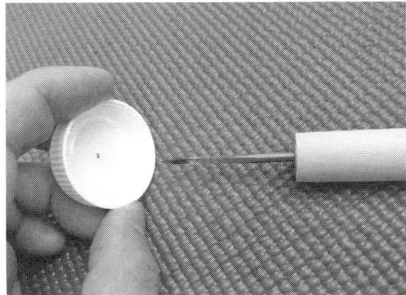 

⑩　次にテグス糸を穴に通します。あまり糸の太さはこだわらなくてもよいですが，細いのが加工しやすいです。このとき底からテグス糸を通します（キャップの方から入れると底が通しにくい）。

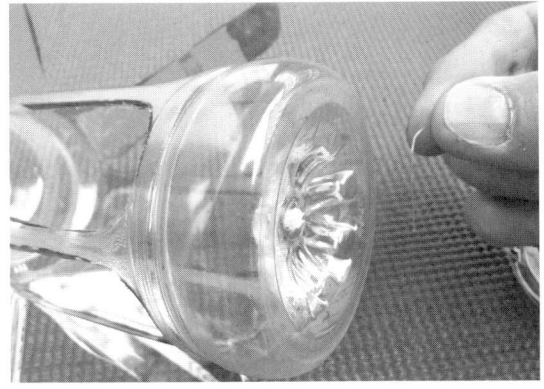

⑪　開けた羽根の穴から指を通して，口からテグス糸をつまみ出し，そこでキャップの穴に通します。

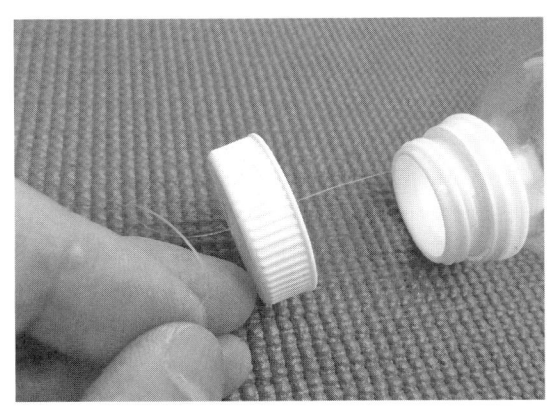

⑫　最後にキャップを閉めます。

ここまでで完成です。しかし空中で釣り上げたとき，テグス糸が滑りやすく，風車自体が動いていってしまう関係で，滑り止めを作ります。

⑬　まずペットボトルの底の穴から数センチ離したところに結び目を作ります。

⑭　そこにクリップ等を挟んで，そのまま結び目を引っ張って完成です。同じようにキャップの先の部分も作ります。

⑮　完成した写真です。

　これは畑の上に園芸棒を立てて鳥よけとしたものですが，校舎と校舎の間にテグス糸を張って，そこにたくさん風車を取り付けて，下にビニールシートを敷いて寝ころんで眺めるのも楽しいです。風車が回るとカラカラ音がして，しかも張ったテグス線ごとに違う音がして楽しいですよ。
　かつてみんなで協力して数十個作成したら，非常に視覚的にも楽しいものになりました。視線を集中させることにもつながります。ぼんやり眺めているだけで癒しの時間にもなります。

# 学校生活・行事の歌 2

# 19 おしっこのうた

CD… 19
楽譜…p.72

おしっこをしているお子さんとマンツーマンでいるときにふとできた歌。トイレタイムを少し楽しんでみましょう。

《こんなときに使おう》
トイレ指導等。

## 使い方の例

なかなか忙しい学校，家ですが，マンツーマンになれたら素晴らしい時間です。力の入れ方がわからない場合は，そっとお腹に手を触れて，先生とやりとりしながらこの歌を歌います。出なくても「もーいいかい？」と聞きながら終わります。

## Memo

お子さんの排泄は食事を摂ることと同じく非常に大切です。ところが脳性まひ等の障害から，普段から緊張でお腹に力が入っていて，硬い状態になっている子は多いです。

「お腹に力を入れている状況が普通」と思っていたら，排便や排尿をするときに力むことがわかりません。

リラックスすることがわかり，必要なときに力を入れることを覚えていくことが大切になります。

出た回数にこだわったり，出た出ないのチェックだけでなく，トイレはとても大切なコミュニケーションの場だと思います。

おしっこがよく出るようなそんな魔法の歌があったらいいなと思ったこともありましたが，一緒におしっこしようと，二人で時間を共有することが大切だと思います。

出たらもちろん「やったね！」とほめますが，出なくてもうまく次につなげていけるように話しましょう。

---

### おしっこのうた

詞・曲・編曲・歌　武井弘幸

C
ひーろくんの　しっこさんが
　　　　　　　G
おなかでかくれんぼ
C
ひーろくんの　しっこさんが
　　　　　　　G
おなかでかくれんぼ
C　　　G　　　　C　　G
もういいかい？　（まーだだよ）

C
ひーろちゃんの　しっこさんが
　　　　　　　G
おなかでかくれんぼ
C
ひーろちゃんの　しっこさんが
　　　　　　　G
おなかでかくれんぼ
C　　　G　　　　C　　G　C
もういいかい？　（もういいよ）

# 20 おはなしきこう

CD… 20
楽譜…p.72

生活単元「おはなし」の授業で毎回授業の最初に歌ったものです。

同僚の先生に作詞をお願いしました。とても心温まる歌詞になりました。

《こんなときに使おう》
生活単元学習，学活，音楽等。

## 使い方の例

生活単元の時間。今日のお話をする前に，みんなをまとめるように歌い始めます。歌は「呼びかけ」と「答える」形になっています。

最初は主指導の先生が歌い，（　）を子どもたちや他の先生たちで歌います。

みんなが集中できるようになったら，「♪はじまるよ！　ホイ！」で本時の内容に入ります。

## Memo

お話は，絵本，プロジェクター，実演，エプロンシアターと，いろいろな演出で迫りましょう。

ふと観察すると，お話の内容をじっくり聞いている子，提示されるお話に付随した刺激（匂い・感触）を楽しむ子，先生の話の抑揚が非常に好きな子，先生の話口調や失敗（ずっこけ）が楽しみな子等々，楽しみ方は子どもたちによっていろいろです。

ゆったりとした環境の中で取り組んでみたいものです。

この歌は，歌詞が本当に単純で，しかも繰り返しになっています。

主指導の先生が歌いながら，子どもたちの表情を見たり，これから話そうとするグッズをチラ見したりなど演出してくださいね。

---

### おはなしきこう

詞　恒川静代
補詞・曲・編曲・歌　武井弘幸

◎最初は主指導の先生が、()内は回りが歌う。

C
おはなし　きこう
　　　　　　　C
　　　　（おはなし　きこう）
Dm　　　　　　　Dm
たのしみね（たのしみね）
G7　　　C　　G7　　　C
たのしみね（たのしみね）

C
おはなし　きこう
　　　　　　　C
　　　　（おはなし　きこう）
Dm　　　　　　Dm
はじまるよ（はじまるよ）
G7　　　C　　G7　　　C
はじまるよ（はじまるよ）

ホイ！

学校生活・行事の歌2

# 21 どろあそびのうた

CD… 21
楽譜…p.73

この歌はあえてオドロオドロしく作ってみました。手がぐちゃぐちゃするけど楽しいよ、という思いを込めました。歌詞の中の※印のところで1人ずつ順番にドロドロ、グチャグチャと歌っていく（輪唱）と楽しかったです。

手を使うことがこんなに楽しいんだという世界が広がっていきますように！

《こんなときに使おう》
生活単元学習、生活科、学活等。

## ❀使い方の例

授業の最初に歌います。どろを目の前にしたときの子どもの反応は様々です。

子どもに合わせて無理のない関わりで触れ、遊びます。歌のワンフレーズを子どもの反応を確かめつつ、ゆっくり歌いながらどろに触れます。

## ❀Memo

感触遊びはとても楽しい遊びです。手は突き出た脳と言われています。ところが、使えないまま縮こまっていたり、指を手の中に食い込ませていたりする子どもも少なくありません。いわゆる感覚過敏で、触ること自体ができない子どもも多いと思います。

できたら感覚遊びを行う前に、たくさんウォーミングアップでゆったり子どもの手に触り、温水、水、小麦粉、片栗粉、砂、スライム、粘土等、子どもの実態に合わせ提供したいものです。またアレルギー等にも気をつけてください。

触るのが楽しくて仕方がない子にはいいのですが、感覚過敏のある子には「快」刺激ではなく「不快」であるかもしれません。無理のない形からフェードインして、段階を踏んで提示したいものです。粘土はきめの細かい陶芸用の粘土がおすすめです。

---

### どろあそびのうた

詞・曲案　'99 M養護学校小3児童・職員
編曲・歌　武井弘幸

Am
今からみんなで　遊ぶのは
G　　　　　　　　Am
ドロドログチャグチャ　どろ遊び
Am
遊んでみようか　やめようか
G　　　　　E
触ってみなけりゃ
Am
わからない　ソレ！

Am　　　　　　Am
ドロドロ……ベトベト……
Am　　　　　　Am
グチャグチャ……ネチャネチャ……　※
G　　　　A　　A
あ～気持ちよかったぁ！

Am
今からみんなで　遊ぶのは
G　　　　　　　　Am
ドロドログチャグチャ　どろ遊び
Am
触ってみるたび　はまっちゃう
G　　E　　Am
どろの手触り　肌触り　ソレ！

　※繰り返し

# 22 運動会のうた

CD… 22
楽譜…p.73

運動会は秋に行う学校，春に行う学校があるかと思います。でもこれだけ暑くなってきているので，子どもたちの体力を考えると季節を選ぶことは大切なことです。

この「運動会のうた」は，いよいよ運動会が近くなって，何となくそわそわしながらも，負けないぞ！　という思いでカッコよくロック風に作ってみました。

《こんなときに使おう》
生活単元学習，生活科，体育，
運動会の練習等。

## 使い方の例

運動会の練習に向かう前にみんなで元気に歌ったり，朝の会のとき毎日歌って気分を盛り上げていきましょう。

運動会をする場所は，体育館やプレールームであることも多いので，歌詞は変えましょう。

主指導の先生が途中の「♪歩いてごらん」と言ったら，子どもたちが（マイペース！）というように，（　）のことばは掛け声風に言ってみましょう。ポーズをその場で決めるのもおもしろいと思います。

## Memo

運動会のシーズンは本当に忙しい中，怒涛のように練習したり，応援グッズの鳴り物を作ったりして，さらに毎日忙しくなります。ふだんの教育実践のカッコよくできたことをどう演出してみなさんに見てもらうか，教師の想像力が問われますね。

でも見てくればかりに気が行って子どもたちが置いてきぼりにならないようにしたいものです。

また練習の時期は子どもたちは本当に疲れるし，先生たちも体力を消耗し，気も遣います。くれぐれも体調には気をつけたいものです。

### 運動会のうた

詞・曲・編曲・歌　武井弘幸

　C　　　　　　　Em　　　Am　　　　Em
君の右手には　友達の手が
　F　　　F　　　　D　　　G7
君の左手には　大勝利
　Am
歩いてごらん
　　　　Em
（マイペース！　ホイ！）
　Am　　　　　　Em
写真を撮るよ（ハイポーズ！）
　F　　　　　　　C
しっかり演技で（ハイ上手！）
　Dm　　　　　G
さぁ出番だぞ！
　C　　　Em　　F　　　　C
広い　広い　グランドで
　AmEm　　Bb
風を感じて
　G　　　　　　C
がんばろ　OH！

# 23 ひかりあそび

CD… 23
楽譜…p.74

毎年12月が近くなると数々の光遊びが行われます。遮光のカーテンが使えるところは，完全に部屋を暗くし，たくさんの電飾を使ったり，またはブラックライト（紫外線を放射するライト）を使って不思議な空間を演出する等，大盛況です。

その華やかな光遊びを盛り上げようと思い作りました。

《こんなときに使おう》
生活単元学習，図工等。

## 使い方の例

図工で暗闇の中でブラックライトをつけ，黒や紺の用紙に蛍光色のペン等で絵を描きます。

まずカーテンを閉めて部屋を暗くし，部屋のライトをつけた状態でこの歌を歌います。それからライトを消して，幻想的な音楽をかけながら画用紙に楽しく絵を描きます。

## Memo

普段注意が定まりにくい子どもたちにとって，暗さを利用した光遊びは視覚を集中させるよい教材になりますし，美しいイルミネーションは心を癒します。（スヌーズレンが有名ですね。）この場合，音をコラボさせて行うことで，感覚の遊びをより楽しく明確に子どもたちに提示できると思います。

また，電飾が足りない場合は暗くする空間を小さくしたり，アルミホイルや金紙，銀紙，ビニールのフィルム等を利用して光る部分を増やしたり，蓄光シールや釣りで使うタイプの淡い照明器具等を使ったぼんやりした光もおもしろいと思います。ただ強い点滅の照明を長時間見たりすることは避けましょう。

友達や先生を身近に感ずるよい教材だと思います。光をバックに歌ったり，ヒーリングの音楽を聴きながらゲームをしたりするのも楽しいと思います。

大がかりな仕掛けができればそれに越したことはないのですが，なかなか人出や時間，お金の面からも難しいです。できる範囲で音と光のハーモニーを感じつつ，ラストではきちんと日常の様子に戻しましょう。余韻を大切に次回につなげられればよいですね。

---

### ひかりあそび

詞・曲・編曲・歌　武井弘幸

| D | G D | D | G D |
|---|---|---|---|

ひかりあそび　ひかりあそび

| $E_m$ | A | $E_m$ | A |

キラキラ　キラキラ

| $E_m$ | A | $E_m$ | A |

キラキラ　キラキラ

| D | G D | D | G D |

ひかりあそび　ひかりあそび

| $E_m$ | A | $E_m$ | A |

キラキラ　キラキラ

| $E_m$ | A $A_7$ | D |

キラきれいだね

ブラックライトに浮かぶ水中の様子

# 24 修学旅行のうた

CD… 24
楽譜…p.75

　修学旅行の思い出は，とても素晴らしいものです。家族以外の人と，しかも友達や先生と一緒に宿に泊まって，楽しいイベントに参加したり，見学したりすること自体とても興奮してしまう行事です。とくに卒業前の集大成のような行事でもあります。
　子どもたちと先生たちが一丸となって準備をし，モチベーションを高めて当日を迎えましょう。

《こんなときに使おう》
生活単元学習，学活，音楽等。

## ❀使い方の例

　修学旅行を前にして，音楽の時間に歌った例です。
　数日後に迫った修学旅行を前に，あえていつもの音楽の時間の席順でなく，バスの座席順に並び変えます。
　それで主指導の先生がバスガイド役でこの歌をリードします。歌詞の中で（　）の部分は子どもたちに言ってもらいます。当日も車内で楽しく歌いましょう。なおバスを使わない場合は歌詞を変えてくださいね。

## ❀Memo

　この歌はバスに乗るところからスタートするイメージで作りました。
　歌詞に関しては，1番だけで終わる場合と，たっぷり2番まで作って歌う場合とあるかと思います。
　私は，当時の6年生の子どもたちから出してもらったキーワードとなる言葉のいくつかを取り入れて作りました。とても楽しい思い出の詰まった旅行になりました。

# 修学旅行のうた

曲案　'10 I養護学校小6児童・職員
詞・曲・編曲・歌　武井弘幸

　　C　　　F　C　　　Am F G C　　　F　　C　　　Am F G
みんなで行こう　さあ　　バスに乗って　さあ
　C　　　　F　　　D　　　G　　Em　Am　　D　　　G　　　　　　　※
修学旅行に行きましょう　友達と先生と　いっしょに

　Am　　　　　　　　　　Em
高速（ビューン）　ベルトは（キューン）
　F　　　　　　　　　G
お腹は（グー）　レッツゴー（オー！）

　Am　　　　　　　　　Em
遊園地（オー！）　乗り物（ほおー！）
　F　　　　　　　　G　　　　　　　　　　　G
楽しく！（よっしゃ！）　遊ぶぞ！（Oh！　オー！）

　F　　F　Dm　　B♭　　　　　　　G　　　　　C7
思い出　作ろう　おいしい　ご飯を　食べましょう
　F　　G　　　　B♭　　G7　　　　　　　F
思い出　作ろう　まくら投げは　ほどほどに

　※繰り返し

　Am　　　　　　　　　　　　Em
ホテルは（◎◎◎◎）　どこどこ（□□□□）　*（　）内にはホテル名や
　　　　　　　　　　　　　　　　　　　　　　　　　土地名等を入れましょう。
　F　　　　　　　　　　　　G
みんなと（ワーイ！）　一緒だ！（イェーイ！）

　Am　　　　　　　　　　Em
どこまで（オー？）　つくまでが（ほう？）
　F　　　　　　　　G　　　　　　　　　　　　　　　　G
修学？（ん？）　旅行？（わかった家だ！　イエーイ！）

　F　　F　Dm　　B♭　　　　　　G　　　　C7
思い出　作ろう　温泉つかって　おしゃべり
　F　　G　　　　B♭　　C7　　　　　　F
思い出　作ろう　おみやげ　なんにしよう

## 25 地下鉄だがや

CD… 25
楽譜…p.76

### 地下鉄だがや

詞・曲・編曲・歌　武井弘幸

　　C　　　　D　G　　　　　C　　　　Em　　　　Dm
生まれて初めて地下鉄に乗る　速いかな　かっこいいかな
　　　　　　　G　　　　　C
ワクワクドキドキ
　C　　　　　D　G　　　　　C　　　　Em　　　　Dm
風が吹き抜ける階段降りりゃ　切符売り場　改札だ
　　　　　　　G　　　　　C
ドキドキしちゃうな
　C　　　　　D　G　　　　　C　　Em　　Dm　　　　　　G　　　C C7
ホームは大きなトンネルの中　電車がほえながら向こうから迫る
　F　　　　　　　　　　　　C
ダンダンダ　地下鉄だがや　ダンダンダ　地下鉄だがや
　G　　　　　C G　　　　　　　　　　　　　　　　　　　　　　　※
ダンダ地下鉄だがや

　※繰り返し

　C　　　　D　G　　　　　　C　　　Em　　　　　Dm
電車が来たらわくわく乗りこむ　話してる人　眠ってる人
　　　G　　　　　C
扉がしまります
　C　　　　D　G　　　C　Em　　Dm　　　　　　　G　　　　C
どんどん走るよ　暗闇の中　吊皮がゆれている　窓には僕の顔
　　　　　　　　　G　　　　　C
（次は○○駅）いよいよ到着
　Em　　　Dm　　　　　　G　　　　　　C C7
降り口は左です　気をつけて降りよう

　※繰り返し4回

《こんなときに使おう》
生活単元学習，生活科，体育，運動会の練習等。

## 🌱 使い方の例

　ここでは生活単元学習で行ったときの例を述べます。
　私は，事前に「お散歩カー（広さが畳1畳強の広さで，四方が金属製の格子で囲まれている。手押し式のキャスターカー）」の改造をしました。改造と言っても四方に棒を継ぎ足して高くし，ちょうど子どもたちが座った位置から見る天井や壁を，実際の地下鉄に似せた様子にしました。
　切符売り場も実際の切符販売機に似せて作り，駅員役，お客さん役に分かれて遊びました。
　歌は授業が始まる前みんなで一度歌います。その後，駅員役のチームが駅等の準備をします。実際に地下鉄（お散歩カー）に乗って，廊下に設置してある駅に降りて，再びもう一度地下鉄が来るまでの間先生や友達と歌って待ちました。
　歌詞はそのまま歌ってもいいですが，小型のラジカセをお散歩カーに設置し，エンドレスで音楽を流しました。地下鉄は動き始めの笛の音，ガッタ～ン，ゴット～ン，という音と振動が魅力かなと自分で思いますが，そこも地下鉄押し役の先生の「リアルな」口での声による演出もいいと思います。なお，「地下鉄」でなく，「電車学習」としても歌を替えて使ってください。

## 🌱 Memo

　車掌役を先生がやったり，子どもがやったりしますが，駅員さんになりきって楽しく行いましょう。本物の地下鉄に乗るということを目標に，単元を組みましたが，当時まだエレベーター設備が不十分だったりして，先生達で長い階段を車いすを運んだり，非常に重労働だったのを思い出します。現在は，バリアフリー化が進んでいるかと思いますが，ぜひ事故には最新の注意を払っていきたいものです。
　地下鉄の駅を事前に下見をし，駅員さんにも話をしっかりしておきましょう。またもし，あなたのクラスで行く場合は，カラオケで歌詞をきちんと変えて歌ってください。
　私の学年は，地下鉄学習の単元を組んで，みんなで港の公園まで行って帰ってくるという冒険型の単元を考え，取り組みましたが，日常自家用車での移動が多い子どもたちだけに，地下鉄はバスとは違って，すごい冒険だったのではないかと思います。

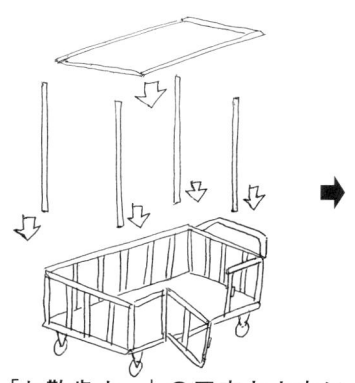

「お散歩カー」の四方と上方にしっかりとした支柱を立てる

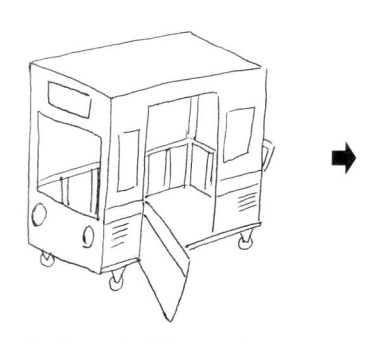

段ボールなど軽い素材で囲い，色を塗り仕上げる

内装はできるだけ地下鉄内部に似せた絵で仕上げる。ラジカセで車内の音も流すと迫力がある

● コラム4

# 手づくり楽器を作る② ―紙管笛―

### 紙管笛との出会い

　あるとき，藤原義勝さんの『リサイクル手づくり楽器』（日本書籍）の著作と出会いました。手づくり楽器を作って実践されている方はたくさんみえましたが，藤原さんの著作には驚かされました。中でも感銘を受けたもの，それが紙管笛でした。

　トイレットペーパーの芯とストローのみで作る簡単な工作で，しかも，音程を両手の押さえ方で変えられました。物理の「カルマンの渦」という原理が働いていること等，非常に興味深いものでした。

　自在に音程がとれることもおもしろく，子どもに聴かせて笑顔を引き出すのにいいな！　と思いました。決まった穴でなく，自分の左右の手の押さえ方で，微妙な音程の変化がつけられるということにも感激でした。

### 楽器から音が出る

　それを子どもたちの前に持って行き，「ヒョ～ン」という音を出すと，とてもびっくりして注目をしてくれました。音感のよい方は下の図を見ながら，これでメロディを奏でられることをお勧めします。

　もし子どもが興味を持って，笛を掴んでぐしゃっとしても，またすぐ作れます。私流に作ってみようと少し改良をして挑戦して作りました。

○用意するもの
・トイレットペーパーの紙管・ストロー（折れるタイプ）・カッターナイフ・セロハンテープ・ペン・定規

○作り方
① 　紙管の中央に四角の形を書く。（1cm四方）ペンは何でもよい。ただ，正確に中央に定規を使って書く。

② 　カッターナイフで慎重に切り込みを入れる。指の怪我に注意をしてください。

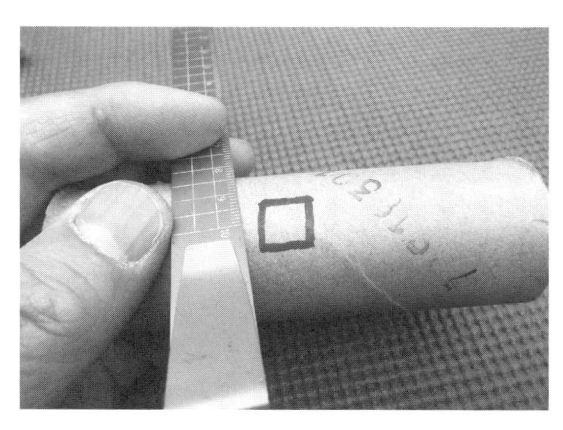

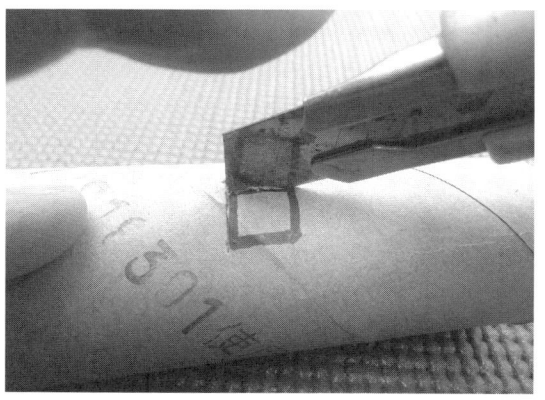

③ 切り込みを入れたところ。紙のバリはよく取っておいたほうがよい。

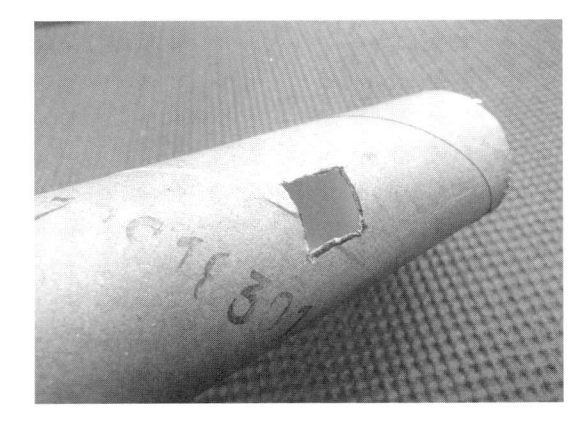

④ 切り込みの前後を指で押し,平たくする。ストローが付けやすく,音がしっかり出る。

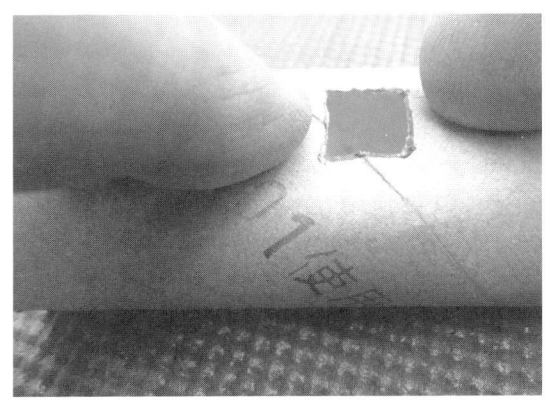

⑤ ストローの先を約1mm前後につぶす。

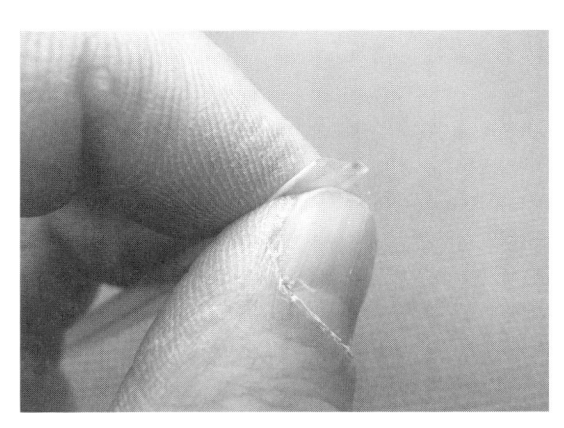

⑥ セロハンテープをストローの先に付ける。セロハンテープがストローの口元にかからないようにする。

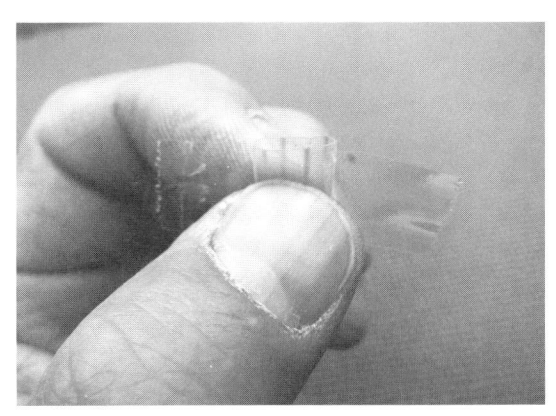

⑦　紙管の切り込みの隅にストローの先を合わせるようにし，空気を出しながら（もう一方から息を吹き込みながら）一番よい音が出るポイントを見つけて，セロハンテープで固定する。（可動式ストローは⑨の写真を参考に，吹くとき，吹きやすい位置にテープを付ける。）

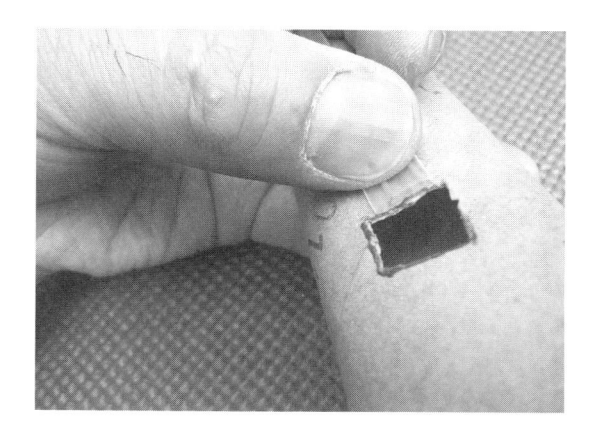

⑧　写真は少し切り込みの中に入ってしまったが，設置する場所は前後するので，それぞれで決めてほしい。

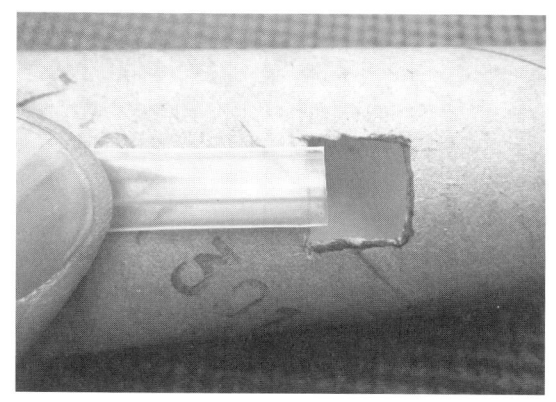

⑨　形が決まったらしっかり再度テープで固定する。

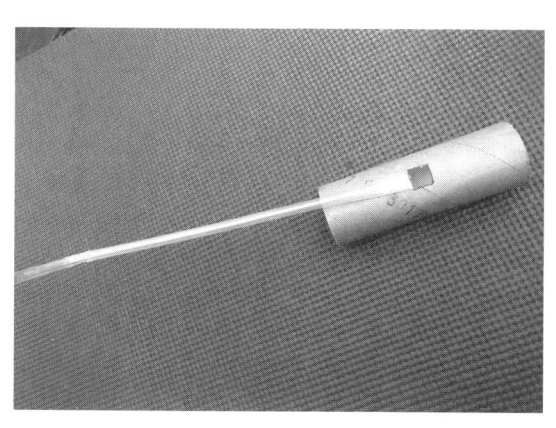

⑩　完成した紙管笛。

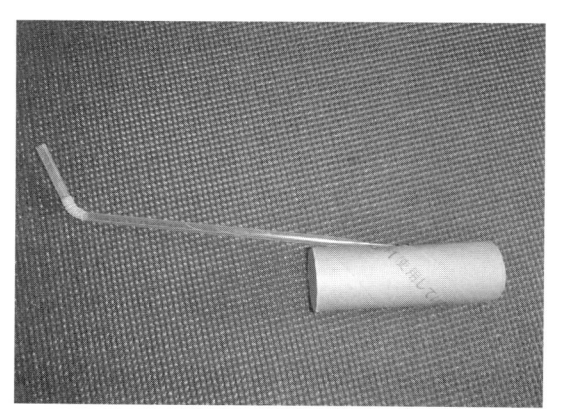

⑪　ストローの曲げる角度はそれぞれで（じゃばらのところで）変えてよい。

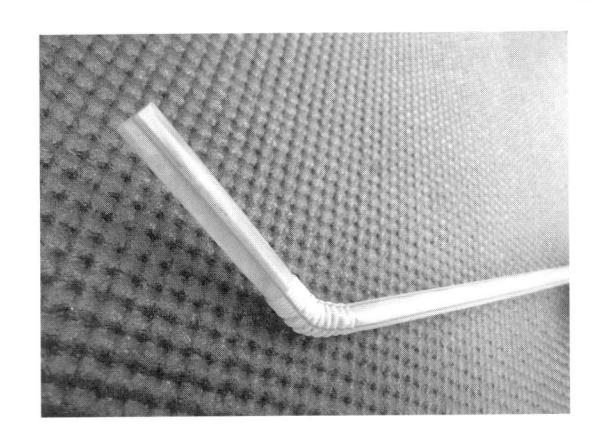

　紙管笛は，写真のように両手を左右から押さえていると低い音（写真左），片方の手を開放（写真中）し，さらにもう片方を開放する（写真下）と一番高い音が出る。その間で，各自調整をし，音の変化を楽しんでみましょう。

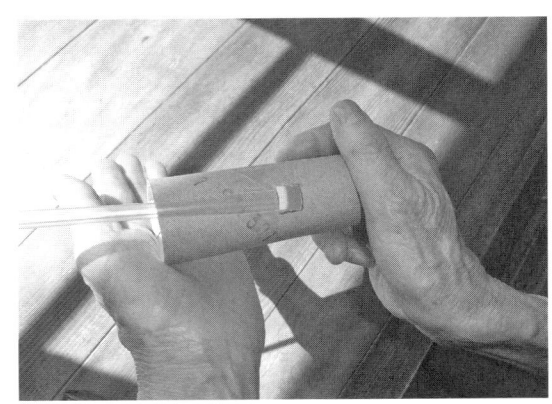

　その他，リサイクル楽器を作っておられる方はたくさんみえます。ぜひ興味を持った方はネット等を参考になさってください。

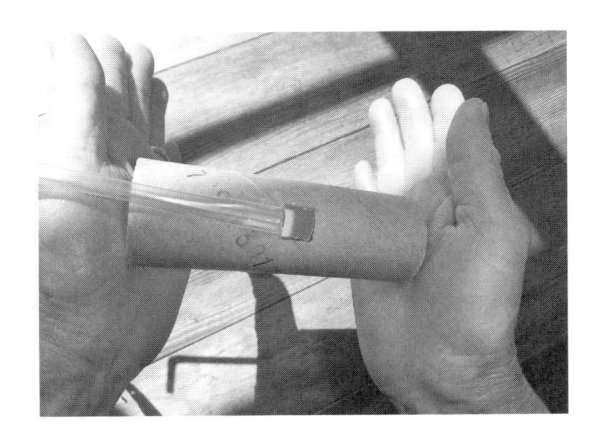

# 朝・帰りの歌, その他

# 26 元気があつまった

CD… 26
楽譜…p.77

転勤して，出会った子どもたちは，とっても元気いっぱいで，個性的でした。
　最初新しい環境に戸惑う私に「先生ぼくたちと一緒の1年生だね」とでも言っているみたいで，何だかつき動かされるように，背中を押されるように完成したのがこの歌でした。

《こんなときに使おう》
朝の会等。

## 使い方の例

優しい声で「さぁ朝の会始まるよ！」と言うのもよいですが，音楽を静かにフェードインして流すやり方もばっちりだと思います。

## Memo

賑やかな声とともに，それぞれの子どもたちの動きや表情が見えてくるといいな，とも思いました。
　歌はぜひ右の「○○」「△△」「□□」の部分にはお子さんの名前を入れて歌ってあげましょう。
　朝の会は毎日行うもので，その短い時間の間に，子どもたちの健康状態をチェックします。
　私たちと同じで，前日眠れなかったり，風邪ぎみだったり，嫌なことがあったり……。でも今日は，素敵なことがあったり，気になっている友達から優しい言葉をかけてもらったりするかもしれませんね。
　今日一日元気でやろうね，という思いを込めて歌いたいです。
　「ちゃん」「くん」は，年齢にあわせて「さん」でもよいです。

---

### 元気があつまった

詞・曲・編曲・歌　武井弘幸

　C
あしをパタパタ
　F
手と手をパチパチ
　G　　　　　　C（G₇）
元気がいいね
　C
目と目がパチパチ
　F
口はワーワー
　G　　　　　　　　　C
元気があつまった　　　　※

　※繰り返し
F　　　　　　　　G
○○ちゃん　おはよう
F　　　　　　　　G
△△くん　おはよう
F　　　　　　　　G
□□ちゃん　おはよう
　　　　G₇　　　　　　C F C
　　　ご・ざ・いまーす！

# 27 あさだ！ あさだ！

CD… 27
楽譜…p.77

施設内学級で作った朝の歌です。
　障害が重度であったり，術後ギプスをしたまま来たり，入れ替わりの多い学級ですが，とてもかわいい子どもたちで一杯の学級です。
　この歌は，先生たちも含め，気分を活性化するために元気な感じで作りました。

《こんなときに使おう》
朝の会等。

## 使い方の例

歌は元気に歌うのもよいですが，パフォーマンスを入れて体を動かすのも「アリ」と思います。オリジナルの動きをやってみてください。

## Memo

文字数が100。実はこれには作ったときのヒミツの意味がありました。みんなの元気さにつながるようにと願いを込めました。
　朝教室に登校してきてまだまだ覚醒していない子どもたちが多いので，「始まるよ〜」という目覚まし時計や小鳥のさえずりのイメージでオープニング。
　途中移調します。「お？　朝か？　今日は何するのかなぁ？」とあたかも朝お母さんが作ってくれる食事の匂いをかいでワクワクする気分みたいなものを，子どもたちがイメージできるといいなと思いました。
　そして歌詞の中のキーワードは「きょうのべんきょう」「えがお」。当時の先生たちの心掛けていたことは「笑い」でした。楽しい雰囲気に子どもたちが包まれて，人の中で生活している実感を持ってほしいと思いました。

---

### あさだ！ あさだ！

詞・曲・編曲・歌　武井弘幸

```
G            Em
あさだ　あさだ
C           D    D7
さぁさぁ　あさだ
G            Em
あさだ　あさだ
C           D    G
さぁさぁ　あさだ
```
※

※繰り返し

```
F      Bb           C7    F
きょうのべんきょう　なにかな
F      Bb           C7    F
みんなとたくさん　あそぼう
F      Bb           C7    F
にこにこえがおで　きめたら
F      Bb           C7    F
みなさん　どうぞ　よろしく
```

今日の勉強は…．

朝・帰りの歌、その他

# 28 学校の帰り道

CD… 28
楽譜…p.78

この歌を作ったときの学年は歌とお笑いが大好きな子どもたちや先生でした。

この歌詞の中に入っている不可思議な言葉,例えば「ナンナンナン……」とか,「ヨーグルト」とかを見て「ん？ なんじゃ,こりゃ？」と思われる方もいるかもしれませんが,この歌を作ったときワイワイみんなで話し合いながら,歌のもととなる言葉をみんなで出し合いました。また作曲のもととなるフレーズの一部も子どもたちにキーボードで弾いてもらって,それをもとに完成させたものです。なるべく当時の歌詞を尊重しました。

お笑いが大好きな学年でもあったので歌詞の中には,ボケと突っ込みも入っていて,楽しい歌に仕上がりました。

《こんなときに使おう》
帰りの会等。

## 使い方の例

歌詞は自分のクラスのオリジナルなものに作り変えて歌ってください。

## Memo

帰りの歌はそれまで静かなテンポのゆったりしたものが多かったのですが,こういうアップテンポのも「アリ」だなと感じました。

歌詞の中で「お風呂に入って眠るのは　またみんなと　学校で一緒に　遊びたいから」という部分は,歌詞が完成したとき,自分でもはっとしたことを思い出します。子どもたちが,当たり前の生活リズムを整えて,元気に登校するのは,友達や先生とまた明日会いたいからだと。楽しい仕上がりに「勉強もしっかりやってよ」という先生からのメッセージも入っています。

---

### 学校の帰り道

詞・曲案　'09 Ｉ養護学校小5児童・職員
補詞・補曲・編曲・歌　武井弘幸

C　　　　C　　　　Am
ナンナンナンナンナ
C　　　Am
また明日ね
F　　　G　　　C
またまた会いましょう
　　G
(元気でね！)
C　　Am　　C　　　Am
手を振って　みんなおやすみ
F　　　G　　　C
もうすぐ日が暮れる
　　C7
(まだ早い)
F　　G　　Em　Am
お風呂に入って眠るのは
F　　G　　C C7
またみんなと
F G　Em　Am　B♭　　　G G7
学校で一緒に　遊びたいから
C　　　　　Am
ボールで遊ぼう
C　　　　　　　　Am
パンとヨーグルトを食べよう
F　　G　　C G　　C
勉強　頑張るよ(また来いよ！)

# 29 またね

CD… 29
楽譜…p.79

病院併設の院内学級で作った帰りの歌です。子どもたちは諸事情で入所していたり，短期の手術及びリハビリで入院しているお子さんたちです。

今日一日健康で，楽しく過ごせたねということに感謝しつつ，「またね，また明日ね」と送り出すイメージで優しく歌いたいと思い作りました。

《こんなときに使おう》
帰りの会等。

## 使い方の例

施設内学級では先生が病棟に子どもたちを送る場合があったので，「♪帰ろう，帰ろう，先生と」とありますが，ここは「友達と」等に変えて歌ってください。

## Memo

歌詞の中で「勉強したね，笑ったね」というところは，今日を振り返ってみるシーンですが，自分で動かすことが難しい手を，そっと先生の手で包み込むようにしながら歌いました。

手から伝わるぬくもりを子どもも先生も感じながら歌います。その短いやり取りの中，子どもたちは今日のことを振り返ります。

「にぎった手が あたたかい」このあと短い「ため」の時間があります。ちょっと考えているようなシーンです。

今日一日元気で過ごせたことに感謝しつつ，明日もまた元気に会おうねとさよならのあいさつをします。

---

### またね

詞・曲・編曲・歌　武井弘幸

G　　　　　Em　　　　C D　G
またね　またね　元気でね
G　　　　　Em
かばん　持って
C　　D　　　G G7
帰ろうね

C　　　G　　　C　　　G
勉強したね　笑ったね
C　　　　G　　　A　　　D
にぎった手が　あたたかい……

G　　　　Em　　　　C D G
帰ろう　帰ろう　先生と
G　　　　　Em　　　　C D　G G7
またね　またね　元気でね
C　　　G
さよなら

# 30 ぼくはシンガー

CD… 30
楽譜…p.80

施設内学級の生活の中で生まれた歌です。重い障害を併せ持っているけど，一緒に先生と歌を歌うことが大好きな生徒と出会いました。

「歌」と一言にわれわれが言う以上に，「歌」とは彼にとっては非常に大切なものでした。

車いすを押しながら毎日，歌ってみました。それ以外にも彼の大好きな歌もたくさん歌いながら通学しました。

病院のベッドで過ごすことが多い彼にとって，人との関わりはとても大切なことです。体位変換をしてもらえなければ，同じ方向を見たままな彼には，移動して病院併設の教室に行って，先生や友達と過ごせる時間はとても貴重な時間でした。

彼の前で歌を歌うと，声を出してくれました。とても重い障害にもかかわらず，「歌」は彼の表現でもあり，コミュニケーションの糸口であり，生き甲斐でした。歌を歌っているとき本当にいい表情をしたのを思い出します。

この歌は，廊下を歩いて病棟に送迎するときにできた歌ですが，そんな短い時間を楽しく過ごせた思い出が詰まっています。

《こんなときに使おう》
もし散歩，通学のとき歌えたら口ずさんでみてください。

## ぼくはシンガー

詞・曲・編曲・歌　武井弘幸

F　　B♭　　　F　　B♭
風がなでる　頬をなでる

F (Am) Dm　　B♭　　C7
車いすが　揺れてる

F　　B♭　　F　　B♭
窓の外の　景色が動く

F　　(Am) Dm　　B♭ C7　F
今日 の 空は　晴れてる

B♭　　C　　　Am Dm
リズムきざむ音は

B♭　　C　　Am　Dm
先生のくつ

F　　　C　　　Am　　Dm
車輪の音も　軽やか

B♭　　　　　　G　　Am
そうさ　動くステージなんだよ

F　　　B♭
ぼくはシンガー

　　　　　　　F　　　　B♭
　　　　　きままなシンガー

F　　Am　　G　　C
どんな歌も　歌える

F　　B♭
ぼくはシンガー

　　　　　　F　　　　B♭
　　　　きままなシンガー

F　　Am　　B♭ C F
どんな歌も　歌える

# 31 おやすみ

CD… 31
楽譜…p.81,82

「先生,うちの子,夜なかなか眠れないんです。何か眠るための体操曲はないでしょうか?」というお母さんからの相談を受けたことがありました。

脳性まひのお子さんを含め,夜しっかりと睡眠をとることが難しいお子さんは多いです。

日ごろの身体の緊張が強いため,どうしても体に力を入れたまま生活をします。体は疲れているのに,しっかり休めない,まして発作があったりすると生活リズムが昼夜逆転してしまい,大きな問題となります。

歌だけですべてを……というわけにはいきませんが,そのアプローチの一助になればと思い,作ったのがこの歌です。

### おやすみ

詞・曲・編曲　武井弘幸
歌　武井穂乃花

◎全てスキャット風(ルルル……)。歌詞がなく流れます。
◎パターンが5つあります。
◎CDでは,パターン1・2・3・4・5が,1→2→1→2,3→4→3→4,5→5の順に入っています。

《こんなときに使おう》
休憩時間,自立活動,家庭内等。

## 使い方の例

この曲をかけながらゆっくりとリラックスタイムを過ごします。床に布団,カーペット,クッションを敷き個々人が一番リラックスできる姿勢をとります。添い寝をしたり,優しく肩をトントンしたり,なでたりして過ごしましょう。歌になれたらお母さん,先生の声のみで歌ってあげましょう。

## Memo

曲は5パターンあり,それぞれ2回繰り返されます。

家で使う場合は,一日の楽しいことを思い出しつつ,疲れた体を少しでもふとんやまくらにあずけ,安心した気持ちをお母さんに向けられればと思います。

曲はピアノ曲とスキャットで流れ,だんだんフェードアウトしつつ,オルゴールの音が流れ,夢の中に溶け込んでいくことを意識しました。静かに,聴こえるか聴こえないかの声で歌えると素晴らしいですね!

● コラム5

# 音楽を子どもたちと創る

　ここでは，あえて0（ゼロ）から歌を創り上げるという意味で（創る）とします。
　歌を創ることは楽しい作業です。もちろん得手不得手もあるので，押しつけることはできませんが，創ってみることをお勧めします。
　例えば，子どもの前にキーボードを置き，子どもに自由に弾いてもらいます。しかし前奏からサビを含め後奏まで，全部創るのは難しい場合が多いかと思います。緊張が強くでている子どもに無理してキーボード演奏をしてもらうのは難しいことが多いでしょう。
　ここで言う，子どもたちが創る曲，というのは「曲のモチーフ」となる部分を出してもらうということで，ちょっと空き時間等を利用して遊んで取り組んでみたらどうかなという提案です。
　「モチーフ」（その音楽の基本を構成しているメロディ）だけの曲や，わずか1小節や2小節だけでもいいと思います。

　本書に載せたものの中に，子どもたちとの学校生活で創り上げられてきた曲が何曲かあります。それらは，子どもたちに曲のモチーフを考えてもらってきたものでした。
　子どもの前で，口ずさんで偶然できたメロディなら，それはそれでよい思います。でも，ちょっと高等なテクニックを使う，ひとつの例を紹介します。もしやってみたいと思われる方はチャレンジしてみてください。

> 　次頁の写真を見てください。ガムテープの粘着面を表にして，お盆などの器に置くように貼ります。テープの粘着面に五線譜を書いておき，その上に子どもが，ビー玉のような物を落としたり，収穫した作物の実を落としたりします。それをなるべく忠実に譜面に起こします。そこでキーボードでそのまま弾いてみて完成！　使えるところを，繰り返して使って簡単な音楽にできます。

　しかし，それでは気が済まない！　全部，音楽にしてみたい……なんて人もいるかもしれません。そんなことは，その場では授業に関係ないので後で創りましょう。その場合，ケースによっては，音符の一部を♯や♭に変えたほうがいい場合もあります。
　もちろん歌ったり，キーボードが弾けるお子さんは自分で弾いたりして創りましょう。
　自作曲は，私は最初全部自分で創っていましたが，上記の方法のほうが新鮮な曲を創ることができることに気付きました。何といっても，わずかでも，フレーズづくりに子どもたちが関わったということが非常にいとおしく感じます。
　さらに「歌詞」を子どもたちから出してもらったり，担任の先生が創ったりしたものをそのまま当てはめる，それでできた曲を子どもたちにプレゼントで渡す，までいくと素敵だと思います。
　ただ気をつけなければならないのは，こうした行為をすることが大事だからと，子どもにさせることばかりに神経を遣わないこと！　これはさらっと時間があるときにやるべきです！

ガムテープの粘着面を表にして貼る

五線譜を油性ペンで書く

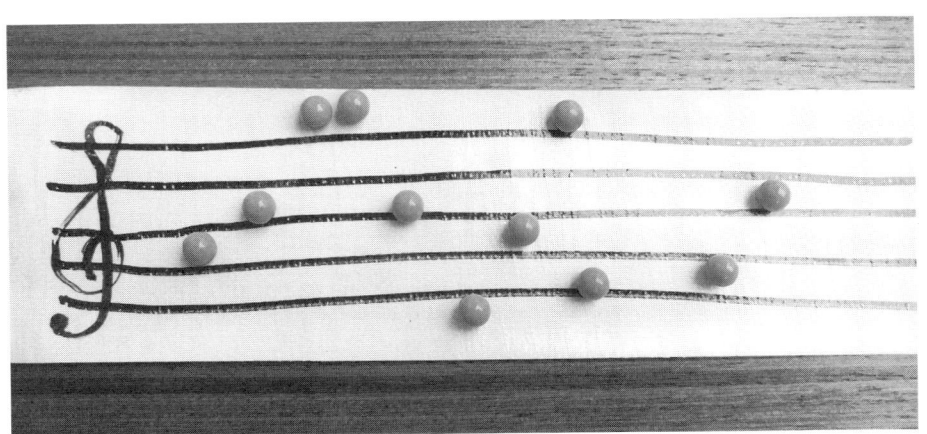

上からビー玉を落とす。BB弾や作物の実でもよい

　そのまま譜面に記譜します。そのままキーボードで演奏するのも良いです。そこで一定の調，音符の長さを決めてもかまいません。ここでキーボードを先生が演奏して，使えるフレーズを繰り返すだけで完成！　使えないところは無理して使わないようにします。使いたくて気がすまないなら，どうぞ！

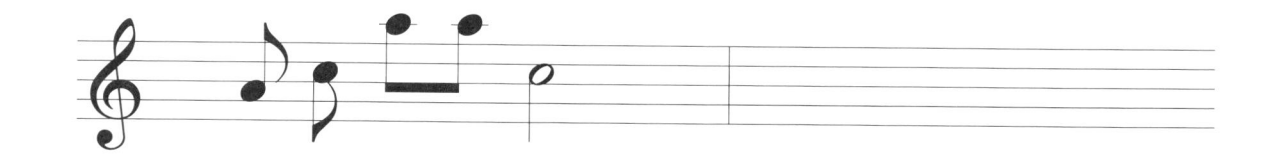

例えば上のように，最初の1小節を書き写し，まず8分音符に置き換えてみます。それでうまくいきそうなら，それをモチーフにして歌を創ってみます。この部分だけの歌にしてもよいです。このときは5つ目の音符を2分音符にしてみたらよい感じになってきたので，そこから歌を創りました。ただ，このままではマイナーの感じになってしまったので，♯を取り入れ，イ長調にしたらうまくいきました。
　（この曲はH養護学校の子どもの創ったフレーズをもとに曲に仕上げ，担任の先生が歌詞を考え，その子どもの誕生日などにプレゼントをしました。）
　でもこれは結構複雑なので，使えるところを選んで，ハ長調にして，1小節だけ創ったりするとよいと思います。

# 楽譜集

# ① はるはどこ

詞・曲・編曲　武井弘幸
歌　武井静子

はるはどこ　はるはどこ
ふくかぜの　なか―
はるはどこ　はるはどこ
かれくさの　なか―
きたかぜ　ふけど
たんぽぽ　さいたよ―
はるがきた　はるがきた
うめのえだにも―
つくしのあたま

## ② ミニトマトのうた

詞・曲案　'02 I 養護学校小1児童・職員
詞・曲・編曲・歌　武井弘幸

ミニトマト　ミニトマト　のびてきた
ミニトマト　ミニトマト　のびてきた

ミニトマト　ミニトマト　あかくなあれ
ミニトマト　ミニトマト　あかくなあれ

なんだか　こんがらがってか　げんきにさいてるか
おひさま　ぴかぴか　トマトもぴっかぴか

## ③ ひょうたんのうた

曲案　'12 H 養護学校小1児童
詞・曲・編曲・歌　武井弘幸

ひょうたん　たねだよ

うえたら　でるかな

のびのびつる　のびのびつる

ひょうたんできるかなー

# ④ あさがおのうた

詞・曲・編曲・歌　武井弘幸

## ⑤ なつのたのしみ

詞・曲・編曲　武井　弘幸
補編曲　小島　薫
歌　武井穂乃花

♩≒120

なつのたのしみは すいか キャンプ かやま ごおり あるき
なつのたのしみは はなび みずあそび だよ どう ぼう
なつのたのしみは ひるね せみ とり おばけ も だ めし
なつのたのしみは うなぎ アイスクリーム
なつのたのしみは ふうりん ゆうすずみ
なつ なつ なつ なつ なつ

## ⑥ ゴーヤのうた

詞　渡辺佳代
曲・編曲・歌　武井弘幸

♩≒90

でこぼこして いている ゴーヤ
みどりなの カメーイ テゴーヤ
みどりのうちには はやく とって ね
おいしい りょうりに ゴーヤチャンプル
きちょ いろいっぴ やり あかがに なるまえ に
あじがす る

## ⑦ 秋風ふいて

詞　岡中　知子
曲　篠田奈緒美・草田志乃
編曲　武井　弘幸
歌　武井穂乃花

# ⑧ ぎんなんのうた

詞・曲・編曲・歌　武井弘幸

♩≒138

みんなで ゆこう かれはの みちを
おちたの ひろおう かたほざお みつけおう

めざすは イチョウ ぎんなんだー
ボールも いっかおう なんでもつかおう

でも いいにくい けど どう
きをつけ いましょ

ちょか一っぶ ぴりにおうでね
だけど
だけど

そんなので かんけいない たべたら わかちる を
みんなで ゆこう かれはの みちを

ぎんなすの あじは イチョウ おいしいんよだー
めざすは イチョウ ぎんなんだー

Coda
みんなで ゆこう かれはの みちを

めざすは イチョウ ぎんなんだー

# ⑨ かえでのみ

詞・曲・編曲・歌　武井弘幸

♩≒120

くるくるくるり
ゆらゆらゆらり

くるくるくるり
ゆらゆらゆらり
かえでのみ
かえでのみ

くるくるくるり
ゆらゆらゆらり

くるくるくるり
ゆらゆらゆらり
かえでのみ
かえでのみ

あきのゆーぞらに
あきのこーえんに

きもちよさそうにだね　Mm…
ヘリコプターだね　Mm…

あきのゆこうぞらに　くる
あきのこうえんに　ゆら

り　くるり　くるり
り　ゆらり　ゆらり

# ⑩ ふくわらいのうた

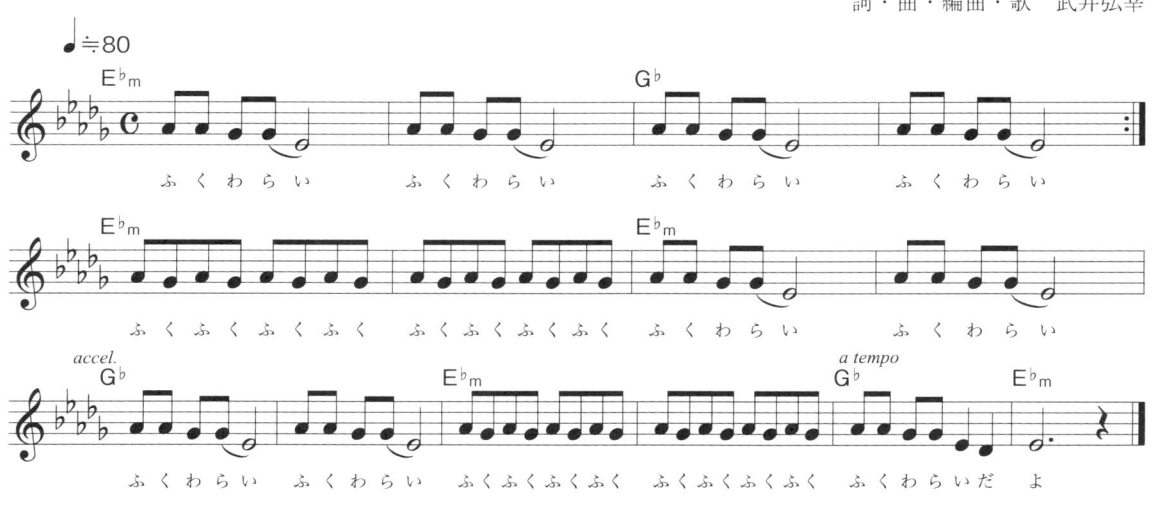

詞・曲・編曲・歌　武井弘幸

ふくわらい　ふくわらい　ふくわらい　ふくわらい
ふくふくふくふく　ふくふくふくふく　ふくわらい　ふくわらい
ふくわらい　ふくわらい　ふくふくふくふく　ふくふくふくふく　ふくわらいだ　よ

# ⑪ おにのうた

詞・曲・編曲・歌　武井弘幸
補編曲　小島　薫

おにがでてきた　わるいおにだぞ　ワッハッハー　ワッハッハーと
わらってる　あかいおにだぞ　あおいおにだぞ
つよそうな　つのはえてるぞ　－　まめをはやくと
りだせー　－　なげつけろー
おにはそとそとと　(おにはーそとー！)　ふくはうちうち　(ふくはうちー！)
おにたちは　にげだしちゃー　うぞ　－

## ⑫ てつなぎ

詞　武井弘幸
曲　武井駿介・穂乃花・弘幸
編曲　武井弘幸
歌　武井ブラザーズ３

♩≒80

| D | | D | | G | |
|---|---|---|---|---|---|

て　つ　な　ぎ　て　つ　な　ぎ　せ　ん　せ　い　と

| A | | D | | D（もしくは D/F♯） | |

て　つ　な　ぎ　て　つ　な　ぎ　て　つ　な　ぎ

| G | A | A | 3/4 | D |

みんなと　てつなぎ　てあわせ

## ⑬ さかなをつかまえよう

詞・曲・編曲・歌　武井弘幸

♩≒115

さしすせさしすせ　さかな　かきくけかきくけ　さかな

なにぬねなにぬね　さかな　さかなをつかまえ　よう

さしすせさしすせ　さかな　かきくけかきくけ　さかな

なにぬねなにぬね　さかな　さかなをつかまえ　よう　ー

## ⑭ おそうじのうた

詞・曲・編曲・歌　武井弘幸

♩≒123

ほうきで はきはきー　チリ トリ とりとりー
ごみばこ ポイポイー　ぞうきん きれいに　シュッ
はい お しまい　はい お しまい

## ⑮ なんこになるのかな

詞・曲・編曲・歌　武井弘幸

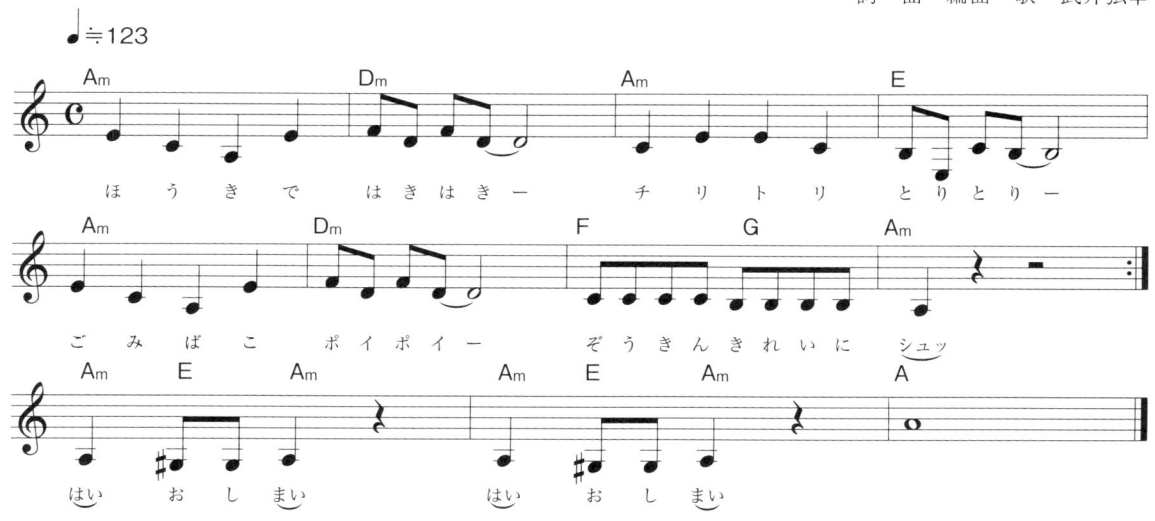

♩≒100

なん こに なるの か な　なん こに なるの か な
なん こに なるの か な　なん こに なるの か な

## ⑯ 宇宙旅行だーい！

詞・曲・編曲　武井弘幸
補編曲　小島　薫
歌　武井弘幸・穂乃花

♩≒130

きーらめく　ほーしくず
うちゅうのかなた
ローケットに　のーって
あってみたいな　うちゅうじん

――――― リズムのみ ―――――
シートベルト（決まったね！）方位確認（イエイ！）サチュレーション（100！）キューピーポーズ（バンザーイ！）スイッチオン（エヘヘ！）3．2．1．0！

きーんせい　どーせい
アンドロメダ　すぎて―
みーんなで　たーのしい
うちゅう　りょこう　だーい

## ⑰ 音楽が，さあ，はじまる

詞・曲・編曲・歌　武井弘幸

おんがくが　さあーはじまる―
げんきょく　ララララララララ　―　（OH！）

## ⑱ かざぐるま

詞・曲案　'03 Ｉ養護学校小２児童・職員
編曲・歌　武井弘幸

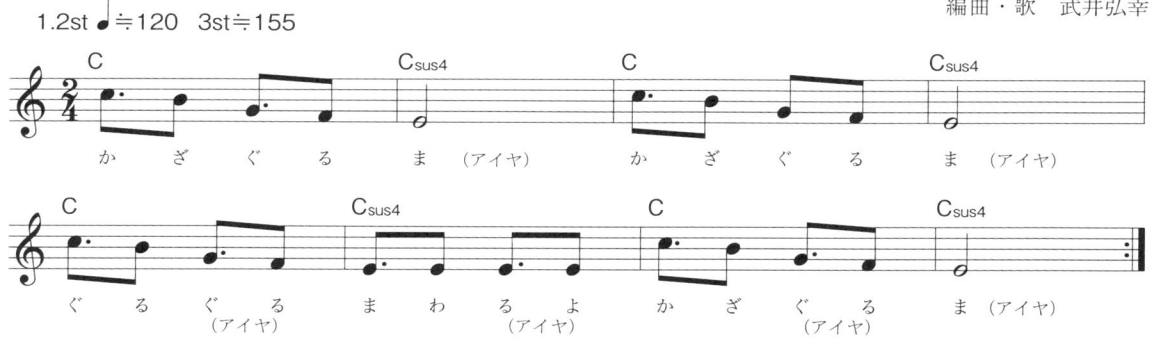

かざぐるま（アイヤ）　かざぐるま（アイヤ）
ぐるぐるまわるよ　かざぐるま（アイヤ）
（アイヤ）（アイヤ）（アイヤ）

## ⑲ おしっこのうた

詞・曲・編曲・歌　武井弘幸

♩≒100

ひーろくんの　しっこさんが　おなかでかくれんぼ

ひーろくんの　しっこさんが　おなかでかくれんぼ

もう　いい　かい？　（まーだだよ）

ひーろちゃんの　しっこさんが　おなかでかくれんぼ

ひーろちゃんの　しっこさんが　おなかでかくれんぼ

もう　いい　かい？　（もう　いい　よ）

## ⑳ おはなしきこう

詞　恒川静代
補詞・曲・編曲・歌　武井弘幸

♩≒90

おはなしきこう　（おはなしきこう）
おはなしきこう　（おはなしきこう）

たのしみねよ　（たのしみねよ）
はじまるよ　（はじまるよ）

たのしみねよ　（たのしみねよ）
はじまるよ　（はじまるよ　（ホイ！））

## ㉑ どろあそびのうた

詞・曲案　'99M養護学校小３児童・職員
編曲・歌　武井弘幸

♩≒120

いまからみんなで　あそぶのは　ドロドログチャグチャ　どろあそび
いまからみんなで　あそぶのは　ドロドログチャグチャ　どろあそび

あそんでみようか　やめようか　さわってみなけりゃ　わからない　（ソレ！）
さわってみるたび　はまっちゃう　どろのてざわり　はだざわり　（ソレ！）

ドロドロドロドロ　ドロドロドロドロ　ドロドロドロドロ　ドロドロドロドロ
　　　　　　　　　ベトベトベトベト　ベトベトベトベト　ベトベトベトベト
　　　　　　　　　グチャグチャグチャグチャ　グチャグチャグチャグチャ　ネチャネチャネチャネチャ

あー　きもちよかったぁ

## ㉒ 運動会のうた

詞・曲・編曲・歌　武井弘幸

♩≒120

きみのみぎてには　ともだちのてが
きみの　ひだりてには　だーいしょうり
あるいてーごらん（マイペース！ホイ！）しゃしんをーとるよ（ハイポーズ！）
しっかりえんぎで（ハイじょうず！）さあ　でばんだぞ
ひろい　ひろい　グーランドで
かぜを　かんじてー　がんばろ　OH！

## ㉓ ひかりあそび

詞・曲・編曲・歌　武井弘幸

♩≒120

ひかりあそび

ひかりあそび

キラキラ　キラキラ

キラキラ　キラキラ

ひかりあそび

ひかりあそび

キラキラ　キラキラ

キラきれいだねー

## ㉔ 修学旅行のうた

曲案 '10 I 養護学校小6児童・職員
詞・曲・編曲・歌 武井弘幸

♩≒125

1. みんなで いこう さあ あ
2. バスに のって さあ あ

しゅうがくりょこうに いきましょう とう
しゅうがくりょこうに いきましょう

もだちと せんせいと いっしょに
もだちと せんせいと いっしょに

1番
- 高速（ビューン）　ベルトは（キューン）　お腹は（グー）　レッツゴー（オー！）
- ホテルは（○○○○）　どこどこ（□□□）　みんなと（ワーイ！）　一緒だ（イエーイ！）
- 遊園地（オー！）　乗り物（ほおー！）　楽しく！（よっしゃ！）　遊ぶぞ！（Oh！）
- どこまで（オー？）　つくまでが（ほう？）　修学？（ん？）　旅行？（わかった家だ！）

（オー！）
（イエーイ！）

おおもいでで おつく
おいしい ごはんを たーべましょ
ろう

うり おおもいでで おつく
おんせんつかって おーしゃべ
ろう

まくらなげは ほどほどに
おみやげなんにしよう
ろう
2番

## ㉕ 地下鉄だがや

詞・曲・編曲・歌　武井弘幸

♩≒120

うまれてはじめて　でんしゃがきた　ちかてつにのり　ワクワクのりこむ
はなしてるひと　はやいかなと　ねむってるひとかつこいいかなと　ワクワクドキドキワクドキします
かぜがふんふきぬける　ぜんそくどはしるよ　かいだんおりやみのなか　くらいりやか
きっぷうりば　つりかわが　かいさつだゆれている　ドキドキまどにはぼくのかお　しちゃうなお
ホームはおおきな　トンネルのなかちゃく
語り（次は○○駅）
でんしゃがおりぐち　ほえながら　むきをかえて　はしりだす　うちはひだりです　せまいよう

ダンダンダちかてつだがや　ダンダンダちかてつだがや　ダンダちかてつ　だーがやや
ダンダンダちかてつだがや　ダンダンダちかてつだがや　ダンダちかてつ　だーがやや

ダンダンダちかてつだがや　ダンダンダちかてつだがや　ダンダちかてつ　だーがや

ダンダンダちかてつだがや　ダンダンダちかてつだがや　ダンダちかてつ　だーがや

## ㉖ 元気があつまった

詞・曲・編曲・歌　武井弘幸

♩≒125 はずむように　〔※「ちゃん」「くん」は，年齢に合わせて「さん」と言いかえてください〕

あしをパタパタ　てとてをパチパチ　げんきがいいね
めとめがパチパチ　くーちはワーワー　げんきがあつまった
○○ちゃん　おはよう　△△くん　おはよう
□□ちゃん　おはよう　ございまーす

## ㉗ あさだ！　あさだ！

詞・曲・編曲・歌　武井弘幸

♩≒133 元気に

あさだ　あさだ　さあさあ　あさだー
あさだ　あさだ　さあさあ　あさだ
きょうの　べんきょう　なにかな―
みんなと　たくさん　あそぼう―
にこにこ　えがおで　きめたら―
みなさん　どうぞ　よろしく―――

## ㉘ 学校の帰り道

詞・曲案　'09 I 養護学校小5児童・職員
補詞・補曲・編曲・歌　武井弘幸

ナンナン　ナンナン　ナ　　　　　　また　あしたね
またまたあいましょう―　　　　セリフ（元気でね！）
てを　ふって　　　　みんなおやすみ
もうすぐひがくれる―　　　　セリフ（まだ早い）
おふろにはいってねむるのは―
また　みんなと――
がっこうでいっしょに――
あそびたいから――
ボールで　あそぼう　　パンとヨーグルトをたべよう
べんきょうがんばるよ―　　セリフ（また来いよ！）

## ㉙ またね

詞・曲・編曲・歌　武井弘幸

またね またね げんきでね
かばん もって かえろうね
べんきょう したね わらったね
にぎった てが あたたかい
かえろう かえろう せんせいと
またね またね げんきでね さよなら

## ㉚ ぼくはシンガー

詞・曲・編曲・歌　武井弘幸

♩≒105

かぜが　なでる　ほほを　なでる

くるまいすが　ゆれてる

まどの　そとの　けしきが　うごく

きょうの　そらは　はれてる

リズム　きざむ　おとは　せんせい

の　くつ　しゃりんの　おとも

かろやか　そうさ　うごく　ステー

ジ　なんだよ　ー　ー

ぼくは　シンガー　きままな　シンガー

どんな　うたも　うたえる

ぼくは　シンガー　きままな　シンガー

どんな　うたも　うたえる　ー

## ㉛ おやすみ

詞・曲・編曲　武井　弘幸
歌　武井穂乃花

(注) パターン1→2→1→2

(注) パターン3→4→3→4
パターン4は4拍子なので注意を。

■著者紹介
**武井弘幸**
1957年1月12日,愛知県一宮市で生まれる。
千葉県の特別支援学校,通常中学校の特別支援学級で勤務した後,愛知県の特別支援学校に勤務。
共著に『改訂版・障がいの重い子のための「ふれあい体操」』(黎明書房)。
連絡先:〒491-0142愛知県一宮市浅井町河田字西之上13番地の3

＊イラスト:武井弘幸,岡崎園子

---

**特別支援教育の授業を「歌で盛り上げよう!」**

2013年10月20日　初版発行

著　者　武　井　弘　幸
発行者　武　馬　久仁裕
印　刷　藤原印刷株式会社
製　本　協栄製本工業株式会社

発 行 所　株式会社　黎　明　書　房

〒460-0002 名古屋市中区丸の内3-6-27　EBSビル
☎ 052-962-3045　FAX 052-951-9065　振替・00880-1-59001
〒101-0047 東京連絡所・千代田区内神田1-4-9　松苗ビル4F
☎ 03-3268-3470

落丁本・乱丁本はお取替します　　　ISBN978-4-654-00214-6
Ⓒ H. Takei 2013, Printed in Japan

## 特別支援教育に役立つ
## 手づくり教材・教具集
太田正己監修　石川県立明和養護学校著
Ｂ５・120頁　2400円

特別支援教育＆遊びシリーズ①　教師と保護者が独自に開発した，子どものニーズに応じた国語・算数・体育・家庭・図工・音楽などの教材・教具43点を紹介。

## 改訂版 障がいの重い子のための
## 「ふれあい体操」（CD付）
丹羽陽一・武井弘幸著
Ｂ５・99頁　2400円

特別支援教育＆遊びシリーズ②　愛情いっぱいのふれあいと歌を通して子どもの身体感覚に働きかけ，子どもの身体意識を高める「ふれあい体操」を紹介。すぐ使えるCD付き。

## 知的障がい児の楽しい運動遊び41
橋本和秀著
Ｂ５・88頁　2300円

特別支援教育＆遊びシリーズ③　その場ですぐ楽しめる遊びから，ロープ，ボール，マットなどの用具を使う遊びまで，知的障がいをもつ子どもが楽しめる運動遊びを満載！

## 肢体不自由のある子の
## 楽しいイキイキたいそう（CD付）
金子直由・溝口洋子・北村京子著
Ｂ５・92頁　2400円

子どもたちが楽しみながら無理なく身体が動かせる，園や学校，家庭で好評の「イキイキたいそう」32曲を，CD付きで紹介。わかりやすい図解付き。

## 特別支援教育を意識した小学校の
## 授業づくり・板書・ノート指導
蔵満逸司著
Ｂ５・86頁　1900円

発達障害の子どもだけでなく，すべての子どもの指導をより効果的・効率的なものにする「特別支援教育を意識した指導」の実際を，具体的場面に即して詳しく丁寧に解説。

## 発達障害児の感情コントロール力を
## 育てる授業づくりとキャリア教育
新井英靖他編著
Ａ５・167頁　2200円

発達障害児が，他社とのかかわりの中で，社会性を身につけるための具体的な実践を紹介。SSTでは対処できない課題に理論・実際の両面から応える。

## 子どもに必要なソーシャルスキルの
## ルール BEST99
スーザン・ダイアモンド著　上田勢子訳
Ｂ５・127頁　2500円

学習障害，自閉症スペクトラム感情面に問題をもつ子が，社会生活を上手に送るための必須のルールが身につく本。2012年NAPPA（アメリカの優秀な子育て本に与えられる賞）銀賞受賞。

## 特別支援教育における
## 教師のとっさの応答力を磨く
太田正己著
Ａ５・141頁　2000円

さまざまな教育的ニーズをもつ子どもに臨機応変に対応でき，指導目的を果たすために必要な「とっさの応答力」を身につけるためのポイントを詳しく紹介。

## 学級担任が進める
## 通常学級の特別支援教育
大前暁政著
四六・181頁　1700円

目の前の特別支援を必要とする子どもに，学級担任はどう対応するか。めざましい成果をあげた，著者の実際の対応とその理論を紹介。通常学級の担任教師，待望の書。

表示価格は本体価格です。別途消費税がかかります。
■ホームページでは，新刊案内など，小社刊行物の詳細な情報を提供しております。
「総合目録」もダウンロードできます。http://www.reimei-shobo.com/